KB161540

나가사키의 종

長崎の鐘

나가사키의 종

나가이 다카시 지음
박정임 옮김

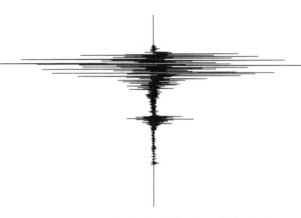

원자폭탄 피해자인 방사선 전문의가 전하는
피폭지 참상 리포트

페이퍼로드
paperroad

차례

서문		7
1	폭풍 전야의 나가사키	12
2	원자폭탄이 폭발한 순간	21
3	폭격 직후의 모습	29
4	구조작업	56
5	그날 밤	81
6	원자폭탄의 위력	89
7	원자폭탄이 남긴 상처	109
8	미쓰야마 구호대	119
9	원자병	147
10	원자병의 치료	159
11	움막에 찾아온 손님	164
12	나가사키의 종	183
유언, 내 소중한 아이들에게		194

서문

많은 사람이 원자폭탄에 대해 두려워하고 또 궁금해 합니다. 나는 원자폭탄의 폭발 현장에 있었던 한 사람으로서, 내가 보고 듣고 느끼고 관찰한 것을 그대로 전하고 싶었습니다. 상처의 붕대를 푼 바로 그날 병상에 앉아 이 책을 쓰기 시작한 이유입니다. 다시 읽어보니 부족하고 어설픈 기록입니다. 하지만 지금 다시 쓴다면 결코 그날의 생생함을 전할 수 없을 것입니다. 제가 쓴 글인데도 읽고 있으면 그때의 기억이 되살아나 몸서리가 쳐집니다.

이 책은 의사의 시선으로 쓴 책이지만 의학적 기록

이라고는 할 수 없습니다. 현장 스케치도 아니며, 환자의 증상을 찍은 사진도 없고, 부검을 하거나 표본도 만들지 않았습니다. 의학 논문으로서의 가치는 조금도 없습니다. 하지만 현장에서 마주한 부상자와 시신은 모두 제자이거나 동료, 또는 동네 사람이었습니다. 애초에 냉정한 과학자의 자세를 유지하기는 불가능했으며 그저 주민의 한 사람으로서 아파하고 슬퍼할 수밖에 없었습니다. 그래서 이 책은 과학적 기록도 될 수 없고, 그렇다고 문학적 르포도 아닙니다. 하지만 인간적인 수기라고는 할 수 있을 것입니다.

내가 쓴 책이 이미 몇 권 출간되었지만, 사실 처음으로 펜을 잡았던 원고는 이 책입니다. 그리고 원자폭탄을 다룬 여러 저서의 바탕이 된 원고이기도 합니다. 이 책이 뒤늦게 출간된 이유는 모자란 필력 때문이었습니다. 당시에는 출판 경험이 전혀 없다 보니 미증유의 역사적인 사건을 다룰 능력도 문장력도 부족했습니다. 원고를 읽어본 출판사도 전부 출간을 망설였습니다. 하지만 비록 어설픈 글이라도 사실 그대로를 묘사한 살아 있는 기록인 만큼 후세에 반드시 도움이 되리라고 생각했습니다. 그래서 단 몇 부라도 출간될 수 있기를 간절히 바랐던 것입니다.

그러던 중 구마쿠라 가즈오 씨, 시키바 류사부로 의학박사 등 많은 분들이 적극적으로 나서주고 헌신적으로 노력해준 덕분에 마침내 이 책이 출간될 수 있었습니다. 나가사키까지 찾아와 병든 나를 위로해주고, 부족한 원고가 책으로 나올 수 있도록 온갖 수단을 강구해주었습니다.

더구나 요시다 씨와 하야시 씨가 이 책을 영어로 번역까지 해주셨습니다. 평화를 지키고 싶은 제 간절한 마음이 해외로도 전해질 것을 생각하니 가슴이 벅차오릅니다. 이 책을 통해 사람들이 원자폭탄의 실상을 알게 되기를, 그래서 그들 마음에 전쟁을 증오하고 평화를 사랑하는 마음을 깃들기를 바랄 뿐입니다.

그들이 그렇게까지 물심양면으로 애써준 이유는 결코 사적인 이익을 위해서가 아니라 진정한 인류애였습니다. 책이 출간된 이후에도 시키바 박사는 내게 곳곳의 잡지사와 출판사를 소개해주셨고, 덕분에 폐인이 된 내가 펜을 들고 일본의 재건을 위해 일할 수 있게 되었습니다. 감사하고 또 감사한 일입니다.

　이 책의 제목이 된 나가사키 성당의 종은 원자폭탄이 터졌던 그해 크리스마스에 잔해더미 속에서 발견되어 임시로 세워둔 종루에 매달려 있었습니다. 만 3년이 지난 지금 새로운 종루가 세워졌고, 다시 하늘 높이 울리는 종소리를 들을 수 있게 되었습니다. 이 평화의 종이 세상이 끝나는 그날까지 하루도 빠짐없이 울릴 수 있기를 간절히 기원합니다.

　　　　　1948년 성탄절, 나가사키 우라카미에서
　　　　　　　　　　　　　　　나가이 다카시

나가이 다카시(나가사키의과대학 교수)

1

폭풍 전야의 나가사키

1945년 8월 9일. 태양은 여느 때와 같이 곤피라 산 위로 고개를 내밀었고, 아름다운 우라카미浦上는 최후의 아침을 맞이했다. 강변에 빼곡하게 들어선 각종 군수공장 굴뚝에서는 새하얀 연기가 뿜어져 나왔고, 도로를 사이에 두고 늘어선 상점의 보라색 기와지붕이 물결을 이루고 있었다. 언덕 위 주택가는 집집마다 밥 짓는 연기를 피워올리며 평온한 아침을 맞고 있었고, 산허리의 계단식 밭에는 무성한 고구마 넝쿨 위로 이슬이 반짝이고 있었다. 동양 제일의 성당에서는 하얀 베일을 쓴 신도들이 인간 세상의 죄를 참회하고 있었다.

나가사키의과대학에서는 오늘도 정확히 8시에 강의가 시작되었다. 전쟁과 학문을 동시에 한다는 국민의용군의 방침에 따라 모든 학생과 교수와 의료진은 각각의 임무를 띤 의료구호대로 개편되었다. 교수와 학생들은 활동하기 편한 복장을 하고 구급상자를 허리에 매단 채 학업과 연구와 치료에 임하고 있었다. 공습 등 유사시에는 곧바로 부상자를 수용하는 임무를 맡고 있었고, 이미 몇 차례 임무를 수행하기도 했다. 바로 일주일 전, 대학이 폭격을 당했을 때도 학생 중에는 세 명의 사망자와 십여 명의 부상자가 발생했지만, 학생과 의료진의 용감한 구조 활동으로 환자 중에는 단 한 명의 사상자도 나오지 않았다. 나가사키의과대학은 이미 전쟁에 익숙해져 있었다.

경계경보가 울렸다. 강당에 있던 학생들이 병원 복도로 밀려들었고, 몇몇씩 무리를 지어 각자 담당 구역으로 흩어졌다. 본부의 전령사가 메가폰을 들고 외치며 빠르게 복도를 달려갔다. 오늘도 역시 미나미큐슈에 대규모 공습이 있는 듯하다. 이어서 공습경보가 울리기 시작했다. 고개를 들어보니 맑은 아침 하늘에 고층운이 눈을 찌를 듯 따갑게 빛나고 있다. 왠지 적기가 나타날 듯한 예감이 든다. 눈에 보이지 않는 파동이 미묘하게 느껴졌고, 뒤이어 사이렌이 요란하게 울리기 시작했다. 마음을 더 불안하게 만드는 사이렌 소리는 울리다 멈추고 울리다 멈추기를 반복한다. 그 소리는 적어도 용기를 진작시키는 소리는 아니다.

백일홍 꽃이 새빨갛다. 협죽도 꽃도 새빨갛다. 칸나 꽃은 완전히 핏빛이다. 들것 담당인 의대 1학년생들은 병원 현관을 대기실로 정하고, 빨간 꽃들 뒤에 있는 방공호에 몸을 숨긴 채 유사시에 대비하고 있다.

"대체 이 전쟁은 어떻게 될까." 가고시마중학교 출신의 학생이 말한다. "내 동급생 중에도 엄청 많은 애들이 비행연습생으로 들어갔다던데."

"우리 공군은 대체 뭘 하는지……." 방공호 안에서 오사카 사투리가 들린다. "다 틀렸어. 이 상태로는 아무리 노력해도 안 돼."

아무도 대꾸하지 않는다. 다른 친구들도 어렴풋이 느끼고 있었다. 일본은 지금 생사의 갈림길에 서 있다.

분명 이기려고 전쟁을 시작했을 것이다. 설마 정부가 지겠다는 생각으로 이런 비극의 막을 열었겠는가. 하지만 사이판전투 패배 후 대본영(전시 중에 설치된 일본의 최고 통수 기관) 발표에 사용된 표현에서 미심쩍은 분위기를 감지한 학생들은 불안감을 느끼고 있었다.

"야, 조장! 어떻게 생각해? 전쟁이 어떻게 될 것 같아?" 로이드 안경을 낀 오사카 학생이 방공호의 좁은 문으로 빨간 얼굴을 내밀었다. 학생이 있는 곳은 1인용 참호였다.

조장을 맡고 있는 후지모토는 아까부터 벽오동 나무 아래에서 팔짱을 낀 채 가만히 하늘을 노려보며 서 있었다. 철모와 검은색 각반까지 갖추고 만반의 대비를 하고 있는 후지모토는 몸집은 작지만 대담한 성격이었다. 후지모토가 부상자를 발견하고 포탄 속으로 뛰어들어가 구조해낸 적도 여러 번 있었다. 선두에는 늘 후지모토가 서 있었고 친구들은 그를 신뢰하며 뒤를 따랐다. 후지모토는 집에서 가져온 망원경을 허리에 차고 있었다. 적기가 머리 위로 날아오면 천천히 망원경을 꺼내 고개를 젖혀가며 적기의 움직임을 살피고 친구들에게 알려준다.

"전쟁이 어떻게 될 거 같냐니까?" 오사카 학생이 집요하게 반복했다.

"전쟁을 어떻게 하는지에 달렸겠지." 후지모토가 단호한 어조로 말했다. "전쟁으로 우리의 운명이 결정되는 게 아니야. 우리에 의해 전쟁의 운명이 결정되는 거지. 우리와 싸우고 있는 청년들, 그러니까 미국 학생과 우리 중 어느 쪽이 센지에 따라 승리가 결정되는 거다."

"하지만 최근에는 격차가 너무 심하잖아. 물량이 비교가 안 된다고. 우리의 하찮은 노력 따위 아무런 도움도 안 돼."

"그럴지도 모르지. 하지만 이곳에 폭탄이 떨어진 순간 그런 말들은 다 무의미해져. 우리는 곧바로 뛰어가서 부상자를 치료할 뿐이야. 우리는 그저 마지막까지 본분을 다하면 그만이야."

후지모토가 결연하게 말했다. 하지만 오사카 학생은 여전히 납득할 수 없었다. 그때 커다란 각재를 짊어진 부조장이 다가왔다. 오구라중학교 출신의 부조장은 묵묵하게 자기 일을 해나가는 학생이었다. 지금도 감시참호의 보강공사를 위해 혼자 땀을 흘리고 있다.

"부조장, 적이 정말로 이곳에 상륙하면 어떻게 하지?"

"살고 죽는 건 하늘의 뜻." 부조장은 허리춤에서 부채를 꺼내 땀을 식힌다. "사는 것도 죽는 것도 사람이 어쩔 수 없는 일이야."

세상이 고요해졌다. 백일홍도 협죽도도 칸나도 굳어버린 피처럼 움직이지 않는다. 고요함을 비집고, 맞은편 산노 신사의 녹나무에서 매미 울음소리가 맥박 소리처럼 들려왔다.

그날 나는 방호 담당 교관을 맡고 있었다. 병원 현관에서 뒷문까지 복도를 따라 순찰한다. 병실 입구마다 활동하기 편한 복장을 갖춘 간호사와 학생들이 대기하고 있다.

양동이에는 물이 가득 채워져 있고 호스도 준비되어 있다. 새끼줄을 엮어 만든 총채와 쇠갈고리 등 소방용 도구와 삽, 괭이 등, 유사시에 소이탄 정도는 방어할 수 있는 장비이다. 입원환자는 조용히 방공호로 이송되고 있었다. 방사선 치료실 앞에서 의대 3학년생인 우에노와 마주쳤다. 우에노는 꽤 용감한 친구다. 요전에 공습으로 산부인과에 불이 났을 때는 혼자 건물 옥상으로 올라가 위험한 감시 임무를 해내기도 했다. 우리가 양동이를 들고 산부인과로 뛰어가고 있을 때도 적기는 여전히 폭격을 가하는 중이었는데 우에노는 떨어지는 폭탄 속에서 "적기가 머리 위로 지나갔다, 괜찮으니까 나와. 빨리 불을 꺼!", "적기가 다시 왔다. 폭격이야, 대피해!" 하고 순간순간의 상황을 큰소리로 외치며 지휘했다.

"수고가 많다!" 내가 가볍게 고개를 끄덕이자, 우에노는 수줍은 듯 머리를 긁적였다.

"얼마 전에 어머니한테 야단맞았어요. 사람들 앞에 나서면 뭐라도 되는 줄 아냐고요, 애도 아니고……. 하시면서요."

뒷문에는 수동펌프 조원도 모여 있었다. 그런대로 소이탄과 폭탄 정도는 대비할 수 있을 듯했다. 나는 안심하며 이번에는 병동의 동쪽을 순찰했다. 요전에 폭탄을 맞았던 외과, 산부인과, 이비인후과의 상흔은 사람이 입은 상처보다 더 참혹했다. 그 옆에도 역시 협죽도가 핏빛으로 피어 있었고, 희미하게 페놀 냄새가 감돌았다. 나는 문득 불길한 예감이 들었다.

그때 불안한 마음을 풀어주듯 경보해제 사이렌이 울려 퍼졌다. 교실로 돌아오자 학생들이 왁자지껄 떠들면서 철모 끈을 풀고 있었다. 정보 담당인 이노우에 간호사가 커다란 눈을 더욱 크게 뜨고 고개를 살짝 갸웃거리면서 "규슈 관내 적기 없음"이라며 라디오 방송의 내용을 그대로 보고했다. 발그스름해진 볼에 땀이 살짝 배어 나왔고, 머리카락 몇 올이 볼에 달라붙어 있다.

"즉시 수업 시작!" 본부의 전령사가 다시 외치며 지나갔다. 학생들은 각자의 강의실로 들어갔고, 대학은 다시 고요한 진리탐구의 상아탑이 되었다. 병원 임상학과에는 환자가 접수처로 몰려왔고, 예진을 담당하는 학생의 하얀 가운이 환자들 사이를 누비고 있다. 내 강의실 맞은편에 있는 내과에서는 학장인 쓰노 교수의 임상학 강의 소리가 경쾌하게 새어 나왔다.

나가사키에 떨어진 원폭으로 처참하게 파괴된 우라카미 성당.
예배를 보던 많은 신자들이 희생됐다.

2

원자폭탄이 폭발한 순간

지모토 씨는 가와히라다케 산에서 풀을 베고 있었다. 이곳에서는 우라카미가 서남쪽 3킬로미터 아래로 비스듬하게 내려다보인다. 우라카미의 아름다운 마을과 언덕 위로 한여름의 태양은 무심하게 빛나고 있다. 지모토 씨는 순간 희미한 비행기 소리를 들었다. 낫을 쥔 채 허리를 일으켜 하늘을 올려다보았다. 하늘은 대체로 맑았고 머리 위에만 손바닥 모양의 커다란 구름 한 점이 떠 있었다. 비행기 소리는 그 구름 위에서 들렸다. 잠시 그곳을 바라보고 있자 무언가가 나타났다. B29였다. 손바닥 모양 중 가운데 손가락에 해당하는 돌출부가 은색으로 빛나는 작은 비행물체. 고도 8천 미터 정도 되겠다고 어림잡는 순간, 타원형의 검은색 물체 하나가 떨어진다. 폭탄이다. 지모토 씨는 그대로 납작 엎드렸다. 숨죽인 채 5초, 10초, 20초, 1분의 시간이 흘렀다.

번쩍하고 갑자기 섬광이 번뜩였다. 엄청나게 밝은 빛이었다. 폭음은 들리지 않았다. 지모토 씨는 조심스럽게 고개를 들었다. 우라카미에 떨어졌다!

우라카미 성당* 상공에 조금 전까지는 없었던 거대한 하얀 연기가 보였다. 연기는 무서운 속도로 커지고 있었다. 지모토 씨를 더욱 놀라게 한 것은, 그 하얀 연기 아래에서 언덕과 산지를 따라 이쪽으로 맹렬하게 다가오는 존재였다. 언덕 위의 집은 물론이고 존재하는 모든 것을 쓰러뜨리고 부수고 날려버린 돌풍은 순식간에 눈앞의 숲까지 쓸어버리고 가와히라다케의 산중턱까지 달려왔다. 대체 저것이 뭐란 말인가. 마치 눈에 보이지 않는 커다란 롤러가 땅을 다지며 굴러오는 듯했

---

* 우라카미 성당은 1945년 나가사키 원자폭탄 투하로 처참하게 파괴됐다. 시민들이 원폭피해의 참상을 알리는 건물로 피폭 당시 모습 그대로 남겨둬야 한다고 주장했지만, 1958년 철거됐다.

다. 돌풍이 코앞까지 다가오자 지모토 씨는 두 손을 마주 잡고 신께 기도하며 다시 땅 위로 납작 엎드렸다. 땅이 울리는 듯한 무시무시한 굉음이 들린 순간, 지모토 씨는 엎드린 자세 그대로 공중으로 날려갔다. 5미터 정도 떨어진 밭 경계석에 내동댕이쳐진 지모토 씨는 눈을 뜨고 주위를 둘러보았다. 주변의 나무들은 전부 꺾이고 쓰러졌으며 잎이란 잎은 모조리 떨어져 나가고 없었다. 살풍경 속에 송진 냄새만 감돌았다.

후루에 씨는 미치노에에 있다가 우라카미로 돌아가는 중이었다. 자전거를 타고 군수공장 앞을 지나는 순간, 묘한 폭음이 들리는 듯했다. 무심코 고개를 들어보니 마쓰야마 마을의 푸른 하늘 위로 한 점의 붉은 불덩어리가 보였다. 대충 이나사 산 정도의 높이였다. 눈을 찌르는 듯한 밝은 빛이 아니라 커다란 제등 속에 스트론튬을 태울 때 같은 새빨간 불덩어리였다. 그 불덩어리가 지면을 향해 길게 뻗어온다. 대체 뭘까, 하면서 한손으로 안경을 고쳐 쓴 순간, 바로 눈앞에서 마그네슘을 폭발시킨 듯한 섬광이 일었고 동시에 몸이 공중으로 떠올랐다. 후루에 씨는 몇 시간이 흐른 뒤에야 같이 날아온 자전거에 깔린 채 무논 한가운데에서 눈을 떴다. 그리고 자신의 한쪽 눈이 전혀 보이지 않는다는 사실을 깨달았다.

우라카미에서 7킬로미터 떨어진 고가쿠라초등학교 직원실에서 다카와 선생님은 오늘 아침의 경보 기사를 방호일지에 기입하고 있었다. 잠시 눈을 쉬려고 고개를 들어 창밖을 바라본다. 눈앞에 자그마한 산기슭이 있었고, 그 위로 나가사키 항구의 하늘이 푸르게 펼쳐져 있었다. 그 순간 창공이 번뜩였고 날카로운 빛이 눈을 찔렀다. 한여름, 한낮의 태양이 어둡게 보였을 정도였으니 빛의 광도가 태양의 몇 배는 되었을 터다. 대낮에 조명탄이라니 대체 무슨 일일까. 다카와 선생님은 그렇게 중얼거리면서 자리에서 일어나다가 갑자기 이상한 물체를 발견했다.

"저, 저, 저게 뭐지?"

다카와 선생님의 외침에 직원실에 있던 선생님들이 창가로 달려왔다. 우라카미 상공에 하얀 구름이 나타나더니 엄청난 기세로 사방으로 퍼져가고 있었다. 다들 "뭐야? 뭐지?" 하고 놀라는 동안 하얀 구름은 직경 1킬로미터가 넘는 부푼 호빵 모양으로 변하고 있었다. 그러다 갑자기 거센 폭풍이 직원실을 덮쳤고, 창가에 있던 선생님들은 모두 유리파편을 뒤집어썼다.

"폭탄이 떨어졌다! 학교에 명중했다! 대피해!" 다카와 선생님은 그렇게 외치며 뒷산 방공호로 뛰어들었다. 그리고 같은 시각, 우라카미에 있는 자신의 집에서 아내와 아이들이 자신의 이름을 부르며 죽어가고 있다는 사실을 꿈에도 모른 채 다카와 선생님은 차가운 바닥에 오도카니 앉아 있었다.

우라카미에서 8킬로미터 정도 떨어진 오야마라는 곳은 나가사키 항구 남쪽에 위치한 하치로다케 산 중턱에 있었다. 그곳에서 내려다보면 나가사키 항구 너머로 우라카미 분지가 희미하게 보인다. 가토는 소를 데리고 들판에 나와 있었다. 가토가 번쩍이는 빛을 본 것은 빨갛게 익은 장딸기를 따서 한두 알 입에 넣은 순간이었다. 소도 놀란 듯 고개를 들었다. 우라카미 하늘에

농밀한 하얀 솜 같은 구름이 생겨나더니 순식간에 커진다. 구름의 바깥쪽은 하얀색이었지만 안쪽에는 타오르는 붉은 불꽃을 품고 있어서 마치 제등을 솜으로 감싼 듯했다. 그 하얀 구름 속에서는 계속해서 번개가 번쩍이고 있었다.

구름 속 작은 번개는 빨강, 노랑, 보라색 등의 다양한 빛을 발산하고 있었다. 구름은 호빵처럼 부풀어 오르면서 계속해서 위로 올라가더니 송이버섯 모양을 만들어냈다. 같은 시각, 그 하얀 구름 바로 아래 우라카미 골짜기에서는 검은 흙먼지가 뭉게뭉게 피어올랐다. 버섯구름은 계속해서 하늘 높이 올라가더니 어느 순간 무너지면서 동쪽으로 흐르기 시작했다. 날씨는 쾌청했고 햇살은 주변의 산과 바다를 환하게 비추고 있었지만, 우라카미만이 거대한 구름 그림자에 뒤덮여 새까맣게 보였다. 마침내 콰앙 소리와 함께 천지가 진동하더니 옷자락이 펄럭이고 나뭇잎이 날아다녔다. 폭풍이 가토가 있는 곳에 도착했을 때는 상당히 약해진 상태여서 소도 크게 놀라지는 않았다. 가토는 근처에서 또 다른 폭탄이 터졌다고 생각했다.

1945년 8월 9일 나가사키에서 폭발한
원자폭탄의 버섯구름.

다카미 씨는 우라카미에서 2킬로미터 떨어진 오도리제 길을 걷다가 섬광을 보았다. 소를 몰고 목장으로 가던 다카미 씨는 번쩍하는 섬광을 보았고 그 순간 화로에 닿은 듯한 뜨거움을 느꼈다. 그 열기에 다카미 씨와 소는 화상을 입었다. 뒤이어 불덩어리가 비처럼 쏟아졌고, 다카미 씨의 다리에도 떨어졌다. 불덩어리는 하얀 연기를 내뿜다 꺼졌는데, 양초를 껐을 때 같은 냄새가 났다. 그 불덩어리는 사방에 화재를 일으키고 있었다.

3

폭격 직후의 모습

대학의 건물들은 원자폭탄의 폭발 지점에서 3백 미터 내지 7백 미터 범위 내에 있었다. 폭발 중심지에 속한다고 볼 수 있다. 특히 기초의학과 건물은 목조인데다가 폭발 지점과도 가까워서 순식간에 무너져 내리고 불 탔으며, 교수도 학생도 모두 사망했다. 임상의학과 건물은 폭심지와 조금 거리가 있었고 콘크리트여서 다행히 살아남은 사람도 몇 명 있었다.

11시가 조금 지났을 때였다. 나는 병원 본관 외래 진료실 2층에 있는 내 연구실에서 학생들에게 외래환자 진료에 대해 가르치려고 엑스레이 필름을 고르고 있었다. 갑자기 눈앞에서 섬광이 번쩍였다. 말 그대로 마른하늘에 날벼락이었다. 폭탄이 병원 앞에 떨어졌구나! 곧바로 엎드리려고 했지만 그 순간 이미 창문은 완전히 깨져 있었고 맹렬한 폭풍이 내 몸을 공중으로 날려버렸다. 나는 눈을 동그랗게 뜬 채 날려갔다. 유리창 파편이 폭풍에 휩쓸린 나뭇잎처럼 덮쳐온다.

피할 틈도 없이 유리 파편이 내 오른쪽 상반신에 꽂혔다. 오른쪽 눈 위와 귀 언저리에 특히 상처가 심했는지 미지근한 핏물이 솟아나 목을 타고 흘러내린다. 통증은 느껴지지 않았다. 보이지 않는 주먹이 연구실 안을 마구잡이로 때려 부수고 있는 듯했다. 침대도, 의자도, 책장도, 철모도, 신발도, 옷도 모두 부서지고 찢어지고 소용돌이치면서 바닥에 쓰러진 내 몸 위로 쌓여간다. 먼지바람이 갑자기 콧속으로 들어와 숨이 막힌다. 나는 눈을 크게 뜬 채 계속해서 창문을 바라보고 있었다. 창밖은 순식간에 어둑어둑해졌다. 파도가 밀려오듯 쏴아쏴아하는 소리, 바람이 휘몰아치듯 휘잉휘잉하는 소리가 실내를 가득 메웠고, 판자조각, 옷, 함석지붕 등

온갖 물체가 잿빛 허공을 빙글빙글 돌고 있다. 마침내 가을 태풍이 밀려간 듯 주변이 불가사의한 적막감에 휩싸였다. 결코 예삿일이 아닌 듯했다.

적어도 1톤은 되는 대형 폭탄이 병원 앞에 떨어진 것이라고 확신했다. 부상자는 적어도 100명은 될 터이다. 그들을 어디로 옮겨서 어떻게 치료해야 할까. 일단 의료진들을 모아야 하는데, 아마 그들 중에도 무사한 사람은 절반도 되지 않을 것이다. 나는 잔해더미에서 벗어나려고 온몸을 버둥거리며 안간힘을 썼다. 그러던 중 갑자기 눈앞이 컴컴해지면서 아무것도 보이지 않았다. 무언가가 눈에 부딪쳐서 눈동자에 출혈이라도 생긴 걸까 생각했지만, 눈동자를 움직여보니 문제는 없었다. 눈을 다친 것이 아니라는 걸 확인하자 비로소 두려움이 엄습했다.

지금 나는 완전히 무너진 건물 밑에 생매장된 것이다. 생매장이라는, 이리 허무하고 시시한 죽음을 맞이하게 되다니. 그래도 할 수 있는 데까지 해보려고 잔해더미 밑에서 목숨을 건 발버둥을 계속한다. 하지만 붕어빵 틀에 갇힌 붕어빵처럼 옴쭉달싹 할 수가 없으니 어디를 딛고 어떻게 움직여야 할지 알 수 없었다. 주변이 온통 유리파편이라 고개도 돌릴 수 없다. 아무것도 보이지 않아 자신의 몸 위에 어떤 물건이 어떤 식으로 쌓여 있는지조차 파악이 되지 않았다. 오른쪽 어깨를 살짝 움직였더니 무언가가 와르르 무너져 내렸다. 나는 "여기! 여기! 아무도 없습니까!" 하고 소리쳤지만, 그 소리는 허무하게 어둠 속으로 사라졌다.

하시모토 간호사는 옆방 엑스레이 촬영실에 있었다. 다행히 책장 사이에 있어서 긁힌 상처 하나 없이 무사했다. 하지만 모든 물체가 마법에 걸려 생명을 얻은 것처럼 무서운 기세로 날아다니는 끔찍한 시간을 벽에 바싹 달라붙어 숨죽인 채 견디고 있었다. 숨이 막힐 만큼 흙먼지가 일었지만, 큼지막한 물건들은 이미 바닥에 떨어진 듯했다. 주위가 조금 조용해지자 하시모토는 사람들을 구조해야겠다는 생각에 책장 사이에서 기어 나왔다. 방 안은 처참할 정도로 엉망진창이었다. 잔해더미를 밟고 창가로 다가간 하시모토는 더 큰 충격에 휩싸였다. 방금 전까지 보라색 물결을 이루고 있던 사카

모토 상점가는 어디로 사라졌단 말인가! 이와카와 거리
도, 하마구치 마을도, 하얀 연기를 피워 올리던 공장도
전부 사라졌다. 짙은 녹음으로 뒤덮였던 이나사 산은
검붉은 돌산으로 변해 있었다. 싱그러운 나뭇잎 한 장,
풀 한 포기 남김없이 모두 모습을 감추었다.

병원 현관 앞에 모여 있던 사람들이 걱정돼서 내
려다 보니, 병원 광장은 아수라장이었다. 광장에는 크
고 작은 나무들이 쓰러져 있고, 거기에 헤아릴 수 없이
많은 시신들이 벌거벗은 채 뒤엉켜 있었다. 하시모토는
자신도 모르게 두 손으로 눈을 가렸다. 여기는 지옥이
야, 지옥. 비명소리 하나 들리지 않는 완전한 사후세계
였다. 하시모토가 눈을 가리고 있는 동안 주변은 완전
히 어둠에 휩싸였다. 눈을 뜨고 둘러봤지만 쥐죽은 듯
고요한 암흑뿐이었다. 세상에 오로지 나 혼자 남겨졌다
는 생각이 들자 등골이 오싹해지면서 몸이 굳어버렸다.
사신의 손톱은 곧 내 목덜미도 움켜쥐겠지.

고향 집이 어른거렸다. 어머니의 얼굴도 떠올랐다.
하시모토는 울음이 터질 듯했다. 아직 열일곱 살 소녀

였던 것이다. 그때 "여기! 아무도 없습니까!" 하고 외치는 소리가 들렸다. 바로 발밑인 것 같기도 했고 벽 너머저 멀리서 들리는 것 같기도 했다. 다시 "여기! 누구 없어요?" 하는 절박한 외침이 들렸다. 분명 나가이 교수님의 목소리였다. 교수님이 살아 계셔! 교수님과 함께라면 현관의 저 많은 시신도 수습할 수 있을 것이다. 하시모토는 울먹이던 소녀에서 순식간에 용감한 간호사로변신했다. 하시모토는 목소리를 따라 옆방으로 가려고했지만, 엑스레이 촬영대와 전류 코드 같은 것들이 어둠 속에서 길을 막아 나아갈 수 없었다. 더듬거리며 삽을 놔두었던 구석으로 가봤지만 어디로 날아가 버렸는지 삽은 없고 그 대신 메가폰이 손에 잡혔다. 아래층 영상 판독실에 곡괭이도 있고 간호부장도 있다는 사실을떠올리고, 서둘러 촬영실을 나왔다.

밤마다 실시한 등화관제 덕분에 어둠 속에서도 익숙한 복도였지만, 두세 걸음 걷자 물컹한 물체에 발이걸려 멈춰서고 말았다. 웅크리고 앉아 만져 보니 사람이었다. 손바닥에 끈적끈적한 피가 묻어 나왔다. 팔을더듬어 손목을 짚어 보니 맥박이 잡히지 않는다. 가엾

게도……. 하시모토는 합장을 한 후 두세 걸음 걷다가 다시 시신에 발이 걸리고 말았다. 축축한 머리카락이 하시모토의 손목에 달라붙는다. 주위는 여전히 컴컴했다. 이 어둠 속에 대체 몇 사람이 죽어 있는 걸까. 하시모토는 맥을 짚어가며 보이지 않는 눈을 크게 뜨고 주위를 둘러보았다.

갑자기 주변이 화악 붉어졌다. 밖에 불이 난 듯했다. 그 불빛에 비친 눈앞의 광경에 하시모토는 자신도 모르게 시신의 손목을 놓아버리고 벌떡 일어섰다. 붉은 역광이 드리워진 넓은 복도에 사람들이 끝없이 쓰러져 있었다. 엎드려 있는 사람도, 옆으로 누워 있는 사람도, 똑바로 누운 사람도, 무릎을 굽히고 있는 사람도, 허공을 향해 손을 뻗고 있는 사람도, 일어서려고 안간힘을 쓰는 사람도 있다. 하시모토는 혼자서 그들을 구할 수 없음을 깨달았다. 우선 구호대를 만들어 조직적으로 움직여야 한다. 일단 나가이 교수님이 갇혀 있는 곳으로 사람들을 모으자. 미안해요, 미안해요……. 하시모토는 부상자와 시체를 뛰어넘어 투시실로 향하는 계단을 내려갔다.

투시실에 있던 사람들은 엑스레이 투시대를 조립하던 중이었다. 그러다 피이잉 하는 묘하게 날카로운 폭음이 들렸다.

"어? 무슨 소리지?" 간호과 학생인 쓰바키야마가 물었다.

"B29 소리겠지." 시로 기사가 열심히 펜치를 움직이면서 대답한다.

"아니야, 폭탄이야. 숨어!" 얼마 전 폭격으로 허벅지를 다쳤던 조로 기사가 말했다.

세 사람은 황급히 커다란 탁자 밑으로 들어갔다. 순간 섬광이 번쩍이더니 콰앙하는 굉음이 들렸다.

"폭탄이 또 터졌어!" 시로의 목소리는 실내로 들이닥친 폭풍 속으로 사라졌다. 폭풍이 잦아들 때까지 모두 꼼짝하지 않고 기다렸다. 쓰바키야마가 숨을 쉬지 않는다.

"간호 학생, 다쳤어?"

"아니요, 그쪽은?"

"무사해."

쓰바키야마는 "간호부장님!" 하고 큰소리로 불러

본다.

"네!" 바로 옆방에서 여느 때처럼 밝은 목소리가 대답했다. "잠깐만 기다리세요. 제 위에 뭐가 덮여 있어요."

뒤이어 기차가 터널에 진입할 때 같은 땅울림 소리가 들리면서 주위가 컴컴해졌다. 마주보고 있던 쓰바키야마의 하얀 얼굴이 순식간에 사라졌다.

"대체 이게 무슨 일이지?" 조로의 목소리다.

"신형폭탄이 분명해. 그 히로시마에 떨어졌던……." 시로의 목소리다.

"혹시 태양이 폭발한 건 아닐까?" 조로가 대꾸한다.

"흠, 그럴지도 몰라. 갑자기 기온이 떨어지는 것 같네." 시로가 한참 생각한 후 말했다.

"태양이 폭발하면 세상은 어떻게 되나요?" 쓰바키야마가 떨리는 목소리로 물었다.

"지구도 끝이겠지." 조로가 힘없이 대답했다.

세 사람은 묵묵히 기다렸지만 주위는 밝아지지 않는다. 어둠 속에서 시계 초침 소리만이 선명하다.

"그런데 우리 점심은 어떻게 하지?" 시로가 물었다.

"난 조금 전에 먹어버렸는데. 네 도시락은 아직 있어?" 조로가 이 세상의 마지막 식사를 하고 싶은 듯 말한다.

"응. 죽기 전에 같이 나눠먹자." 시로는 순순히 대답했다.

그 순간 기차가 터널을 빠져나온 것처럼 주위가 조용해지더니 화악 밝아졌다. 조로의 하얀 치아가 보였고, 시로의 기다란 코가 보였으며, 쓰바키야마의 조그마한 보조개도 보였다.

"아, 태양은 무사한가 봐." 시로가 안심한 듯 말한다.

"하지만 도시락은 나눠줘." 조로가 장난스럽게 대꾸했다.

세 사람은 답답한 탁자 밑에서 빠져나와, 유리조각과 기계 파편과 부서진 의자와 전선이 뒤엉킨 실내를 둘러봤다.

"대체 폭탄이 어디에 떨어진 거지? 이 정도로 엉망이 된 걸 보면 명중했다는 건데 천장에 구멍도 없어."

"폭탄이 떨어지는 소리 들었어?"

"아니, 못 들었어."

"그러면……. 공중폭뢰일까?"

"여하튼 엄청난 놈인 것만은 분명해."

그때 옆방에 있던 히사마쓰 간호부장이 나타나 흐트러진 머리카락을 두 손으로 매만지면서 "모두 괜찮아?" 하고 물었다. 뒤따라온 간호과 1학년생이 간호부장의 허리에 매달려 울음을 터뜨렸다.

"바보처럼 왜 울어. 이렇게 살아 있잖아."

1학년생은 계속해서 흐느꼈다. 눈앞에서 친구가 죽는 모습을 봐버렸던 것이다.

"자, 일단 방공두건 먼저 쓰고 구급상자를 찾아봐."

히사마쓰 간호부장은 터진 수도관이 뿜어내고 있는 물로 손을 꼼꼼히 씻고는 얼굴을 닦고 입을 헹궜다. "아무래도 가스를 들이마신 것 같아." 하면서, 폐 속까지 씻어낼 기세로 여러 번 입을 헹궜다.

"쓰바키야마 씨도 와서 씻어요. 그렇게 지저분한 손으로 거즈를 만지면 상처가 바로 곪아요. 시로 기사님도 어서 씻으세요. 조로 기사님, 얼른 준비해주세요. 부상자가 상당히 많을 거예요." 간호부장이 손의 물기를 닦으면서 말했다.

간호부장의 말에 나머지 사람들은 준비를 서둘렀다.

밖에서 타닥타닥하는 소리가 들린다. 창가로 달려간 쓰바키야마가 "불이에요, 불이 났어요!" 하고 외쳤다. 방 안에 있던 사람들은 굴러다니던 양동이를 주워들고 수도가 있는 곳으로 앞 다퉈 달려갔다. 예전에 엑스레이 강의실로 사용했던 광장에는 미처 치우지 못한 목재가 쌓여 있었다. 아직 불꽃이 높게 일지는 않았지만 온통 불바다였다. 다섯 명은 방공연습 때 했던 것처럼 가장자리부터 물을 뿌리기 시작했다. 하지만 불길이 광장에만 있는 것은 아니었다. 병원 복도는 완전히 날아가 흔적도 없었고, 식당도 무너진 채 불꽃을 사방으로 뿜어내고 있다. 콘크리트 건물 몇 동만 간신히 남아 있었고, 목조 건물이 있던 자리에는 불꽃이 그 자리를 대신하고 있었다. 한참 동안 물을 뿌렸지만 불이 꺼지는 면

적보다 불이 번지는 면적이 더 넓었다. 양동이로는 불가능하다는 판단이 들었다.

"장비를 꺼내자." 시로가 말했다.

"부상자 치료가 먼저야." 조로가 말한다.

"일단 입원환자를 대피시켜요." 쓰바키야마가 말한다.

불길은 끊임없이 검은 연기를 뿜어내며 그 기세를 확장하고 있다.

"나가이 교수님의 지시를 받는 게 좋겠어." 히사마쓰 간호부장이 말했다.

그때 하시모토가 나타나 다급한 목소리로 외쳤다. "교수님이 지금 매몰되어 있어요!"

하시모토의 말에 모두 놀라 서로의 얼굴만 바라본다.

"그렇게 몸집이 큰 분을 어떻게 구하지?" 작은 체구의 쓰바키야마가 중얼거렸다.

"괜찮아, 할 수 있어." 조로는 그렇게 말하면서 뛰기 시작했다. 하시모토를 선두로 다섯 사람은 온갖 장애물을 뛰어넘고 서로를 이끌어주면서 촬영실로 달려간다. 원래 있었던 통로는 무너지고 막혀서 지나갈 수 없었다. 대신 창문을 뛰어넘고 파이프에 매달려가며 돌고 돌아 교수님을 구출하기 위해 달려갔다. 약국 창문은 높아서 인간사다리를 만들어야했다. 조로가 가스계량기를 붙잡고 받침대가 되어주었으며, 그 위로 시로가 올라갔고, 나머지 사람들은 시로의 무릎과 등과 어깨를 사다리 삼아 높은 창문을 통과했다. 그다음에는 시로가 창틀로 뛰어올라 새우 수염처럼 긴 조로의 팔을 잡아당겼다.

시 교수는 폐 엑스레이 사진을 현상실의 현상 탱크에서 막 꺼내려던 참이었다. 뒷산에서 대공 감시를 하고 있던 학생이 "수상한 비행기가 상공에 침입했다! 대피, 대피!" 하고 외치는 소리가 들렸다. 그리고 다음 순간 묘하게 날카로운 폭음이 들렸다. 급강하 폭격이라고 판단한 교수는 사진이 손상되지 않도록 재빨리 물에 씻어 정착 탱크에 조심스럽게 넣었다. 그런 뒤 엎드리려는 순간 무언가가 몸을 덮쳐왔고 그대로 정신을 잃었다. 정신이 들고 보니 목재에 깔린 채 바닥에 쓰러져 있었다. 이리저리 몸을 움직여보니 다행히 허리와 두 팔을 움직일 수 있었다. 교수는 자신의 몸을 덮고 있는 목재를 차례차례 치웠다. 정착 탱크에 넣어 둔 사진이 무사한지 보려고 했지만, 안경이 날아가 버려 주변이 제대로 보이지 않는다. 옆에 있던 모리우치 학생은 어떻게 됐을까. 몇 번이나 불러봤지만 대답이 없다. 주변에 있는 목재 밑을 살펴봤지만 어디에도 보이지 않는다. 아마도 제때 탈출한 모양이다. 잔해더미를 넘어 복도로 나간 교수는 깜짝 놀랐다. 마치 처음 와본 낯선 집 같았다. 모든 것이 달라져 있었다. 안경이 없어서 그런 걸까 하고 몇 번이고 눈을 비벼본다.

지금까지의 이야기는 콘크리트 건물 안에 있어서 방사선의 직격탄을 입지 않았던 운 좋은 사람의 이야기다. 건물 밖에 있던 사람들은 어떻게 되었을까. 세이키 교수는 학생들과 함께 약학부 건물 뒤쪽에서 방공호를 파고 있었다. 교수가 흙을 퍼내고 학생이 그 흙을 밖으로 옮기는 중이었다. 바로 그 순간에 방공호의 안팎을 경계로 생사가 나뉠지는 아무도 몰랐을 터다. 모두 팬티 한 장만 걸친 채 마치 광부처럼 열심히 흙과 싸우고 있었다. 그곳은 폭발 지점에서 불과 4백 미터 떨어진 곳이었다.

방공호 안쪽에 있던 흙이 반짝하고 빛났다. 그리고 땅이 진동하는 소리가 이어졌다. 방공호 입구에서 대나무 소쿠리를 들고 있던 도미타가 방공호 안쪽으로 휘익 빨려들어 갔고, 쭈그리고 앉아서 괭이를 휘두르고 있던 세이키 교수의 등에 세게 부딪혔다. "뭐야! 무슨 일이야!" 세이키 교수는 놀라서 돌아보았다. 도미타 뒤로 나뭇조각이니 천 조각이니 기와 같은 잔해들이 정신없이 밀려들어온다. 그 순간 커다란 각재가 세이키 교수의 등에 부딪혔고, 교수는 그대로 진흙 위에 쓰러졌다.

몇 분 정도 지난 듯했다. 세이키 교수는 불길과 연기가 소용돌이치고 있는 방공호 안에서 퍼뜩 정신이 들었다. 뜨거운 공기가 매섭게 방공호 안으로 빨려들어온다. 교수는 비틀거리는 다리를 이끌고 죽을힘을 다해 그 불길 속을 헤쳐 나갔다. 방공호 입구에 도착해 간신히 살았다는 안도감을 느낀 순간 그때까지 쥐고 있던 괭이를 떨어뜨리고 말았다. 교수는 눈을 크게 뜨고 입을 벌린 채 그대로 얼어붙었다.

약학과의 커다란 건물들이 사라지고 없었다. 생화학과 건물도 없어졌고 약리학과 건물도 사라졌다. 학교 담장도 없다. 담장 밖 주택들도 없다. 모든 것이 사라지고 불길만 이글거리고 있다.

원자물리학을 전공한 이학박사 세이키 교수조차 그 순간에 원자폭탄을 떠올리지 못했다. 설마 미국의 과학자들이 여기까지 성공했으리라고는 상상도 하지 못했던 것이다.

학생들은 어떻게 됐지? 바닥을 둘러본 세이키 교수는 순간 얼음물을 뒤집어쓴 듯 온몸이 얼어붙는 것을 느꼈다. 여기 물건처럼 굴러다니는 것이 내 학생이란 말인가? 아니, 그럴 리가 없어. 난 아까 방공호에서 쓰러진 뒤로 아직 의식이 돌아오지 않은 거야. 이건 악몽이야, 악몽. 아무리 전쟁 중이라도 이런 비참한 상황이 현실일 리가 없어. 교수는 허벅지를 꼬집어보았다. 자신의 맥도 짚어본다. 아무래도 꿈이 아닌 듯했다. 지금

이 상황이 악몽이 아니면 대체 뭐란 말인가. 그 어떤 악몽보다 더한 악몽이었다.

세이키 교수는 먼저 발밑에 있는 검게 변한 사람에게 다가갔다. "이봐, 이봐!" 대답이 없다. 양쪽 어깨를 붙잡고 일으키려고 하자 복숭아 껍질처럼 피부가 벗겨졌다. 오카모토는 죽었다. 그 옆에 있던 사람이 신음소리를 내뱉으며 몸을 뒤집었다. "무라야마, 무라야마, 정신 차려!" 교수는 피부가 너덜너덜하게 벗겨진 학생을 무릎에 안았다. "교수님…… 아아…… 교수님." 무라야마는 그 말만 남기고 축 늘어졌다. 교수는 절망적인 한숨을 쉬며 식어가는 무라야마의 알몸을 바닥에 눕힌 후 합장을 했다. 이번에는 아라키에게 다가갔다. 아라키는 늙은 호박처럼 부풀어 올랐고 얼굴 피부가 군데군데 벗겨져 있었다. 아라키는 힘겹게 눈을 뜨고 조용히 말했다. "교수님, 저는 이제 끝인 것 같아요. 그동안 감사했습니다."

귀와 코에 출혈이 있는 시신도 있었다. 머리뼈를 다쳐서 즉사한 듯 보였다. 얼마나 강하게 바닥에 내동댕이쳐졌던 걸까. 입에서 피거품을 뿜어내는 사람도 있다. 도미타는 부상자 사이를 오가며 물을 먹이고 말을 걸며 민첩하게 돌아다니고 있다. 자력으로 움직일 수 있는 사람은 한 명도 없었다. 신음하는 학생을 발견하고 다가갔지만 그 짧은 순간에 이미 흰자위가 뒤집어져 버렸다. 그렇게 스무 명의 목숨이 차례차례 끊어졌다. 두 사람의 힘으로는 도저히 구호조치가 불가능하다. 누군가 힘을 보태줄 사람이 필요했다. 세이키 교수는 "여기! 누가 좀 도와줘!" 하고 사방에 대고 소리친 후 가만히 귀를 기울였다. 대기는 여전히 불안정한 듯 순간순간 돌풍이 휘몰아치고는 했다. 그 바람소리에 섞여 무너진 지붕 아래에서 힘겹게 도움을 요청하는 아우성이 들린다.

"살려주세요……."

"너무 아파요……."

"아무도 없어요?"

"뜨거워, 타죽을 것 같아…… 물 좀 뿌려줘."

"엄마!" "엄마!"

세이키 교수는 현기증을 느끼며 다시 쓰러졌다. 한참 후 눈을 떠보니 고체처럼 짙고 두터운 재앙의 구름이 하늘을 뒤덮고 있었고 빛을 잃은 태양은 불그스름한 원반처럼 희미하게 보였다. 주위는 저녁처럼 어두침침했고 오싹할 정도로 추웠다. 귀를 기울여보니 도움을 요청하던 목소리 몇몇이 잦아들었고, 엄마를 부르던 아이의 목소리도 더는 들리지 않았다.

1학년 학생들은 조용히 필기를 하고 있었다. 아직도 낯설기만 한 라틴어로 해부학 강의를 듣고 있자니 벌써 어엿한 의사가 된 기분이었다. 자신이 필기한 글자를 뿌듯하게 바라보면서 교수님의 목소리를 따라 열심히 펜을 움직이고 있었다.

그 순간 갑자기 섬광이 번뜩이더니 순식간에 모든 것이 무너져 내렸다. 교수의 목소리가 채 사라지기도 전이었다. 고개를 들어 주위를 둘러볼 틈도 없었다. 반듯하게 앉아 있던 자세 그대로 무거운 지붕 아래에 묻혀버린 것이다. 후지모토 조장은 자신의 허리가 대들보 같은 것에 끼어있다는 사실을 깨달았다. 주위는 암흑이었다. 흙먼지를 들이마시는 바람에 기침을 토해냈다. 후지모토는 책상과 책상 사이의 좁은 공간에서 간신히 숨을 쉬고 있었다. 바로 옆에서 고통스러운 신음이 들려왔다. 도와달라고 외치는 소리도 들렸다. 하지만 들리는 목소리를 헤아려보니 교실에 있던 80명의 급우 가운데 살아남은 이는 몇 명 되지 않는 듯했다.

그러는 동안 목재 사이의 좁은 틈으로 무언가 타는 냄새가 조금씩 흘러들어왔다. 그러더니 마침내 열기를 띤 매운 연기가 들어오기 시작했다. 불이다! 우물쭈물하고 있을 시간이 없다. 위로 빠져나가려고 밀어보지만 대들보와 나무 기둥, 서까래, 기와, 흙 등이 층층이 쌓여 있어 꿈쩍도 하지 않는다. 근처에서 타닥타닥하고 불타는 소리가 들린다. 절체절명이란 바로 이런 순간을 가리키는 걸까. 밀어보고 두드려보고 온힘을 다해 뻗어보지만 꿈쩍도 하지 않는다. 배운 지식을 떠올려 중력을 계산해보지만 아무 의미도 없다. 잡동사니 틈새로 들어오는 공기는 점점 뜨거워졌고, 새빨간 불꽃이 언뜻언뜻 비친다. 갑자기 누군가 〈바다에 가면〉이라는 군가를 부르기 시작했다. 있는 힘껏 큰소리로 천천히, 천천히 노래를 부른다. 후지모토는 몸의 힘을 빼고 그대로 누워서 친구의 마지막 노래에 귀를 기울였다.

"뒤돌아보지 않으리." 노래가 끝났다. "여러분, 안녕……. 나는 다리가 불타고 있어."

2분만 지나면 내게도 불이 붙겠지. 후지모토는 자신의 운명을 깨달았다. 가만히 합장을 하자 아버지의 얼굴이 떠올랐다. '아등바등하지 말거라.' 아버지가 그렇게 말씀하시는 것 같았다. 미소 짓는 어머니의 얼굴도 보였다. 동생 마사오의 얼굴도 떠올랐다. 내 대신 마사오가 의사가 되어주겠지. 방사선과 동료들을 한 명한 명 떠올렸다. 함께 입학시험을 치르고 합격의 영광을 같이 나눴던 친구 다코는 어떻게 됐을까. 방사선과 동료들과 아침저녁으로 나눴던 짧은 대화가 차례차례 떠올랐다.

조바심 내지 말자. 어차피 곧 있으면 이 좁은 공간에 갇힌 채 불태워지고, 숯이 되고, 재가 될 텐데 조바심 내봐야 무슨 소용이 있겠는가. 육체는 이곳에서 재가 되겠지만, 영혼은 끝없는 우주를 향해 날아갈 것이다. 1분만 참으면 내 영혼은 자유다. 살이 타는 냄새가 난다. 젊은 육체가 연소하는 좋은 냄새다. 내 냄새도 이렇게 좋겠지. "가장 중요한 것은 바로 지금이다." 지당

하신 말씀이다. "먹고 싸는 것밖에 할 줄 모르는 식충이." 후지모토는 그 말이 자신의 처지 같아서 킥킥 웃었다.

"아무리 해도 문제가 풀리지 않을 때는 완전히 반대의 경우를 생각해 보렴."

시험공부를 할 때 시 교수님이 해주신 조언이었다. 완전히 반대의 경우라……. 맞아, 그거야! 후지모토는 혹시나 하는 마음으로 마룻바닥을 만져보았다. 널빤지 이음새에 손가락 끝이 걸렸다. 힘을 주어 당겨보니 툭하고 벌어졌다. 폭풍의 여파로 바닥이 흔들린 탓에 못이 헐거워져 있었던 것이다. 널빤지를 힘껏 들어 올리자 투둑투둑하는 경쾌한 소리를 내며 널빤지가 뜯어졌고, 구원의 공기가 시원하게 올라왔다. 널빤지 두세 장을 수월하게 뜯어내자 몸이 마룻바닥 아래 흙 위로 툭 떨어졌다.

세균학 교실에서는 방금 막 정류장에서 차표를 사온 야마다 교수와 쓰지타 학생이 뒤쪽 창문을 열어둔 채 쉬고 있었다. 두 사람은 혈청 제조법을 배우기 위해

도쿄의 전염병연구소로 출장을 갈 참이었다. 전시상황에서 나가사키가 고립될 경우를 대비하기 위함이었다. 남자들은 대부분 전쟁터로 나갔고, 학교에 남은 이 두 명의 젊은 여성 과학자가 앞으로 큰 책임을 떠맡아야 했다. 테니스코트에 잡초가 무성했다. 스포츠를 즐기는 여유 따위는 잊은 지 오래고 모든 것은 전쟁에만 집중되어 있었다. 테니스코트 너머에는 키 큰 녹나무와 소나무가 있었고, 그 사이로 운동장이 있었다. 운동장도 식량 증산을 위한 감자밭으로 변한 지 오래였다. 그 뒤로 붉은색의 거대한 성당도 보인다. 그때 이쪽을 향해 손을 흔들며 테니스코트를 가로질러 오는 두 사람이 보였다. 방사선과 간호사인 하마와 고야나기인 듯했다. 창문 너머로 쓰지타를 발견하고 인사를 건넨 것이다. 쓰지타도 벌떡 일어나 손수건을 흔들었다. 운동장 감자밭에는 방사선과의 야마시타와 요시다, 이노우에가 쭈그리고 앉아 풀을 뽑고 있다. 우라카미 언덕 계단밭에는 공습이 없는 틈을 이용해 김매기 중인 농부의 모습이 곳곳에 보인다. 성당에는 미사를 드리기 위한 신자들이 드나들고 있다. 길에도 양산을 쓴 사람들이 오가고 있었다.

"나가사키는 언제 봐도 아름답네요."

"우리가 도쿄에서 돌아오는 두 달 뒤에도 이런 모습일까요?"

"난 왠지 나가사키가 사라질 것 같은 기분이 들어요."

"난 왠지 나가사키만 남아 있을 것 같은 기분이 들어요."

그때 '섬광과 폭음'이 찾아왔다.

야마다 교수는 간신히 마루 밑에서 기어 나왔다. 옆에 매몰된 쓰지타는 "괴로워요, 너무 괴로워."라는 단 두 마디만을 남기고 숨졌다. 세균학과 건물은 순식간에 불덩이가 되었다. 그 건물에서 탈출한 사람은 야마다 교수 혼자였다. 나이토 교수를 비롯한 전원이 즉사한 것으로 보인다.

건물 밖으로 나와 보니 주위는 어두컴컴했고 바람소리가 요란했다. 야마다 교수는 주위를 둘러보았다. 소나무와 녹나무는 뿌리째 뽑혀 있었고, 주변 건물과 강당은 모두 무너져 있었다. 건너편 성당은 높이 50미

나가사키 평화공원에 있는 원폭 수난자 비.
ⓒ박세연

터나 되었던 종루가 사라졌고, 건물 높이도 3분의 1로 줄어서 마치 로마제국의 폐허를 보는 듯했다.

돌담에 거꾸로 매달려 있는 사람, 도로에 점점이 쓰러져 있는 사람들, 밭에도 셀 수 없을 만큼 많은 시체들이 있다. 운동장에 있던 간호사들은 제각각 쓰러진 채 꿈쩍도 하지 않았다. 건물 밖에 있던 사람들은 전부 즉사한 것이다.

야마다 교수는 큰 부상을 입지 않았는데도 이상하게 몸이 말을 듣지 않았다. 서너 걸음 걸으면 힘없이 무릎이 꺾였다. 결국 될 대로 되라는 심정으로 함석 위에 누워버렸다. 옆에는 독일어로 된 낡은 세균학 교과서가 떨어져 있었다. 이제 이런 학문도 소용없겠구나 싶어서 그 책을 베개 삼았다. 그대로 누워서 불안한 꿈과 고통스러운 현실을 오가며 구원의 손길이 나타나길 속절없이 기다리고 있었다.

4

구조작업

1945년 8월 9일 오전 11시 2분. 우라카미의 중심인 마쓰야마 마을 상공 550미터 지점에서 한 발의 플루토늄 폭탄이 터졌다. 초속 2천 미터의 풍압에 도달한 거대한 에너지는 순식간에 지상의 모든 물체를 뭉개고, 부수고, 날려버렸다. 뒤이어 폭발 지점에서 발생한 진공은 부숴버린 모든 물체를 하늘 높이 밀어 올렸다가 다시 지상으로 내던졌다. 섭씨 9천 도의 고열은 닿는 모든 것을 녹였고, 불덩이가 된 탄체 파편은 비처럼 쏟아져 지상을 온통 불바다로 만들었다. 3만 명 이상이 목숨을 잃은 것으로 추정되며, 십여만 명이 부상을 입었고, 더욱

이 방사선으로 인한 원자병 환자는 그 수를 헤아릴 수 없었다(실제 사망자는 7만 4천여 명으로 집계됐다). 공중에서 발생한 폭탄 연기와 흙먼지가 일시적으로 태양광선을 완전히 차단한 탓에 우라카미 일대는 일식 현상처럼 어둠에 갇혔고, 3분 후에야 연기가 퍼져나가면서 밀도가 낮아져 다시 태양의 빛과 열기가 희미하게나마 통과하게 되었다.

잔해더미에서 간신히 탈출해 촬영실로 가자 시 교수를 비롯한 반가운 얼굴들이 나를 보고 달려왔다. 거의 울먹이는 목소리로 "다행이다, 정말 다행이에요." 하며 내게 안겨온다. 나는 촬영실에 있는 사람들을 찬찬히 둘러봤다. 소중한 생명이다. 살아남아 정말 다행이다. 하지만 왜 이 사람들밖에 없지? 야마시타 간호사는? 이노우에 간호사는? 우메즈 학생은?

"일단 다른 사람들도 찾아봅시다. 5분 후에 이곳에서 집합!"

우리는 생존자들을 찾기 위해 각각 흩어졌다. 시 교수와 시로는 현상실에서 잔해를 들어내고 바닥을 살

폈다. "누구 없어요?" 라고 외쳐보지만 대답은 돌아오지 않는다. "모리우치, 정말 죽은 거야?" 시로는 울부짖듯 소리를 질렀다.

조로가 방사선치료실 기계 틈에서 중상을 입은 우메즈를 구해 데려왔다. 피투성이가 된 우메즈는 복도에 힘없이 주저앉아 "눈이 없어졌나?" 하고 물었다. 조로가 "무슨 소리야, 눈은 잘 붙어 있어." 하면서 상처를 살펴본다. 눈 위쪽이 크게 찢어졌고, 그 외에도 온통 크고 작은 상처투성이다. 간호부장이 "괜찮아요, 괜찮아." 하고 다독이면서 능숙한 솜씨로 소독약을 바르고 거즈를 댄 뒤 삼각붕대로 감는다. 나는 우메즈의 맥을 확인한 후, 계속해서 응급처치를 지시한다.

"선생님, 살려주세요."
"약을 발라주세요."
"상처 좀 봐주세요."
"선생님, 추워요, 옷 좀 주세요."
내 주변으로 기이한 모습의 벌거숭이 사람들이 몰

려왔다. 폭풍에 내동댕이쳐졌다가 간신히 목숨을 건진 몇 안 되는 환자들이다.

원자폭탄이 터진 시간은 병원의 외래진료가 있던 때여서 복도와 건물 안에 쓰러져 있는 환자들의 수가 특히 많았다. 그들은 하나같이 옷이 날아가고, 피부가 벗겨지고, 유리에 베이고, 온몸에 흙먼지를 뒤집어 써 잿빛이 되어 있었다. 도저히 이 세상 사람으로 보이지 않았다. 쓰러져 있는 시체를 비집고 기어와서 내 발목에 매달린 채 "선생님, 살려주세요." 하고 울먹인다. 피가 솟구치는 손목을 내미는 이도 있다. 엄마를 부르며 울어대는 여자아이, 아기 이름을 부르며 절규하는 어머니, 출구가 어디냐고 고함을 치며 달려가는 거구의 남자, "들것, 들것!"을 외치며 우왕좌왕하는 학생들. 주위는 점점 더 소란스러워졌다.

우리는 곧바로 치료를 시작했다. 이내 붕대가 바닥나자 대신 셔츠를 찢어서 상처에 감았다. 응급처치를 하고 또 해도, 살려달라고 외치는 부상자는 끝도 없이 나타난다. 나는 한 손으로 내 상처를 누르면서 환자들을 돌봐야 하는 상황이었다. 하지만 결국 환자의 상처를 치료하느라 내 상처에서 손을 뗄 수밖에 없었다. 그러자 내 상처에서 물총을 쏘듯 피가 뿜어 나와 주변의 벽은 물론이고 간호부장의 어깨까지 뻘겋게 물들였다. 관자놀이의 동맥이 끊어진 것이다. 하지만 이 동맥은 가늘기 때문에 세 시간 정도는 버틸 수 있으리라는 계산이 나왔다. 나는 중간 중간 자신의 맥박을 확인하면서 환자의 치료를 이어갔다.

동료들을 찾으러 갔던 하시모토 간호사와 쓰바키야마 간호사가 돌아왔다.

"없어요. 운동장에 있는 밭에 간 것 같아요. 그곳으로 가려고 했지만 쓰러진 나무와 불길과 시체 때문에 지나갈 수가 없었어요. 기초의학 건물은 아예 보이지도 않아요. 온통 불바다예요. 병원 중앙은 불길이 거세서 뒷문으로 가는 연결통로가 막혔어요. 부상자 수도 가늠하기 힘들어요."

야마시타, 이노우에, 하마, 고야나기, 요시다 다섯 간호사의 얼굴이 차례차례 머리에 떠오른다. 죽었을까,

아니면 지금 생명이 꺼져가고 있는 중일까, 지금 이 환자들처럼 큰 부상을 입고 고통으로 몸부림치고 있는 것은 아닐까. 운 좋게 무사히 대피한 것이라면 얼마나 좋을까. 살아 있기만 한다면 반드시 이곳으로 돌아오리라.

그런데 아무리 전쟁 중이라고 해도 지금 상황은 상식적이지 않다. 생각지도 못한 엄청난 참상이다. 이번 공습은 분명 역사적인 사건으로 꼽힐 것이다. 침착하게 대응하지 않으면 안 된다. 나는 촬영실 바닥에 책상다리를 하고 털썩 앉았다. 시 교수와 간호부장이 내 상처에 약을 바르고 거즈로 눌러서 압박지혈을 한 후 삼각붕대로 단단히 묶어주었다. 하지만 동맥을 다친 탓에 삼각붕대는 순식간에 피로 물들고, 그 피가 턱을 타고 뚝뚝 떨어진다.

"모두 가서 장비 좀 확인해줘."

사람들은 다시 각 방으로 흩어졌다. 혼자 남은 나는 차분하게 생각을 정리했다. 이곳은 말 그대로 핏물이 강을 이루는 전쟁터가 되었다. 이제부터는 구호 담당인 우리가 활약할 차례다. 반드시 버텨야 한다. 적은 계속해서 이런 폭탄을 떨어뜨릴 것이다. 그리고 일주일 이내에 상륙전을 시작하겠지. 동요하면 끝장이다. 혼란에 빠지면 아무것도 할 수 없다. 먼저 대원 결집과 편성, 의료물자 확보, 식량 조달, 야영 준비까지 마쳐야 한다. 그다음에는 주변과 연락을 취하고 야전병원의 위치도 선정해야 한다. 조만간 이 병원은 함포사격으로 벌집이 될 것이다. 서둘러서 환자들을 근처 골짜기로 이동시켜야 한다.

창문으로 보이는 것은 온통 일렁이는 불길이었다. 주위는 완전히 화염으로 뒤덮였다. 이 건물 일부에도 불이 옮겨 붙었는지 타닥타닥 소리가 들리기 시작했다. 장비를 확인하러 갔던 동료들이 차례차례 돌아왔다.

"전부 엉망진창입니다."

"엑스선관은 전부 파손됐습니다."

"케이블은 절단됐고, 변압기는 통로가 막혀서 꺼낼 수 없습니다."

"표본은 날아가서 손을 쓸 수 없습니다."

보고 내용은 모두 절망적이었다.

모두 지시를 기다리며 나만 바라보고 있다. 다른 과 교수와 간호사, 학생들이 피투성이가 된 채 두세 명씩 손을 잡고 달려간다. 화염이 터지는 소리가 들리고 창문으로 불똥이 날아든다. 어떻게 하면 좋을까. 나도 앞에 있는 사람들을 가만히 둘러보기만 할 뿐이다. 이럴 때 허둥대서는 안 된다. 그렇다고 가만히 있으면 타 죽는다. 그런 생각을 하다가 나도 모르게 웃음이 나왔다. 갑작스런 웃음에 다른 사람들도 웃음을 터뜨렸다. "하하하, 으하하하" 그렇게 한바탕 소리를 내어 웃었다.

"각자 몰골 좀 봐. 그 꼴로 전쟁터에 나갈 수 있겠나. 자, 말끔하게 단장하고 현관 앞으로 모여. 도시락 잊지 말고, 배고프면 싸우지도 못해."

"아자, 아자!" 모두 힘찬 구호를 외치고 각자의 방으로 돌아갔다. 나는 그들의 뒷모습 하나하나 지켜보면서, 그들이 평상심을 되찾았음을 깨달았다.

시 교수가 신발을 구해왔고, 간호부장이 철모와 웃옷을 찾아주었다. 나는 천천히 현관 쪽으로 나갔다. 간호사 한 명이 초점 없는 눈으로 산부인과 앞 복도를 맴

돌고 있다. 등을 세게 치며 "이봐, 정신 차려!"라고 했지만 간호사는 의식하지 못한 듯 그대로 맴돌기만 한다. 충격이 너무 커서 일시적인 정신이상을 일으킨 듯했다. 현관 앞 주차장에는 엄청나게 많은 사상자들이 있었다. 게다가 상점가 쪽에서도 계속해서 부상자들이 몰려들고 있었다. 부상자들은 자신의 상처를 부여잡은 채 응급실과 수납처의 위치를 물으며 다가오고 있었다. 각각의 병동에서도 부상자를 업거나 부축해가며 이쪽을 향해 삼삼오오 다가온다. 대체 어떻게 대처해야 좋을까. 한 사람 한 사람의 생명은 모두 존중해야 한다. 누구나 자신의 몸이 가장 소중하며, 상처가 크든 작든 치료를 원하며, 더구나 좋은 의사에게 치료받고 싶어 한다. 나는 이들을 치료해야만 했다.

하지만 부상자는 끝이 없고 약통은 바닥을 보이고 있다. 더구나 시시각각 압박해오는 화염과 부족한 일손. 나는 세 명의 환자를 치료한 후에야 깨달았다. 내가 판단을 잘못하면 애써 치료해준 이들까지도 불길에 휩싸이게 된다.

피폭된 지 20분 만에 우라카미 일대는 완전히 불바다가 되었다. 병원도 중앙부터 불이 번지고 있다. 불길이 보이지 않는 곳은 동쪽의 작은 언덕뿐이다. 펌프, 양동이, 세숫대야, 움직일 수 있는 사람 등 진화에 필요한 것은 순식간에 사라졌고 단지 불이 번지는 것을 보고 있을 수밖에 없었다. 상점가에서 살아남은 사람도 방사선에 노출되어 옷이 벗겨진 채 불길을 피해 비틀비틀 언덕으로 올라간다. 두 아이가 죽은 아버지를 이끌고 지나간다. 목 없는 갓난아이를 끌어안은 젊은 여자가 달려간다. 노부부가 손을 잡고 헐떡이며 언덕으로 올라간다. 달리는 도중 바지에 불이 붙어 그대로 불덩이가 된 사람도 있다. 불길에 둘러싸인 지붕 위에서 노래를 부르며 춤을 추는 사람이 보인다. 실성한 듯하다. 계속해서 뒤를 보며 달리는 사람도 있고, 오로지 앞만 보며 달리는 사람도 있다. 언니는 뒤처지는 동생을 나무라고, 동생은 언니에게 천천히 가자고 조른다. 불길은 자매의 바로 등 뒤까지 따라붙고 있었다.

이런 식으로 운 좋게 불길을 피해 도망갈 수 있었

던 사람은 열에 하나 정도일 것이다. 나머지는 바로 이 순간 무너진 집에 깔린 채 불에 타들어가고 있다. 바람의 방향이 바뀔 때마다 불길은 굉음을 냈고, 여기저기서 구조를 요청하는 목소리가 끊이지 않는다. 나는 팔짱을 낀 채 꼼짝하지 않고 서 있었다. 지금만큼 자신이 무력하게 느껴진 적은 없었다. 눈앞에서 고통 속에 죽어가는 사람들을 구할 방법은 진정 없는 것일까.

"교수님, 성난 부동명왕* 같습니다."

의대 3학년생인 나가이와 쓰쓰미가 다가왔다. 방사선과 동료도 단단히 채비를 하고 모여들었다. 방공호 속으로 뛰어 들어갔던 모리우치도 무사했다. 누군가가 구르듯 달려와 간호부장에게 안겼다. 산부인과 엑스레이 기사인 오자사였다. 오자사의 머리카락은 불에 그슬려 구불구불했고 타는 냄새가 진동했다. 바지도 찢어져 있다. 불 속에서 간호사 두 명을 구해내고 불길을 피해 정신없이 이곳까지 달려왔다고 한다. 아직 오지 않은

---

*   밀교에서 5대 명왕의 필두로 꼽히는 신장(神將). 반석좌에 앉아 온몸이 화염에 휩싸인 형상이며, 번뇌와 악마를 응징한다.

사람은 엑스레이 기사인 사키타와 가네코뿐이다.

'의료장비는 나중이다. 일단 사람을 먼저 구한다.'

나는 그렇게 방침을 세웠다. 두 사람씩 짝을 지어 불타는 병동에서 환자를 구해내기로 했다. 오자사와 모리우치는 사키타와 가네코를 찾으러 불길 속으로 들어갔다. 조로는 우메즈를 업고 뒷산으로 올라간다. 러일전쟁의 한 장면을 보는 듯하다. 우리가 다시 들어간 건물에서는 간신히 잔해더미에서 빠져나온 사람들이 달려 나오고 있었다. 말을 걸어도 대꾸도 하지 않고 뒤도 돌아보지 않는다. 분명 제정신이 아닐 터였다. 대학병원에서 나가면 대체 어디서 누구에게 치료를 받을 생각인 걸까. 나는 한 사람 한 사람에게 침착하라고 외쳤다. 지하에 있는 수술실로 들어가니 수도관이 터져서 물바다가 되어 있었다.

옆에 있는 의료품 보관소로 들어가 보니 상황은 더욱 암담했다. 들것이 산산조각이 나서 바닥에 굴러다니고 있다. 수술 장비는 엉망으로 흩어져있고 약품과 주사액 용기는 전부 깨져서 내용물이 뒤섞여 있다. 더구나 그 위로 수도관에서 나온 물이 쏟아지고 있다. 아아!

이런 날을 위해 모아둔 물품이 아니었던가. 이런 상황을 대비해서 들것 연습을 시키고 응급처치를 가르쳤던 것이 아닌가. 전부 허사였다. 다리를 뜯긴 모기처럼, 집게발을 잃은 게처럼 그렇게 우리는 맨손으로 셀 수도 없는 수많은 부상자 앞에 서야 한다. 완전히 원시 의학으로 돌아갔다. 우리가 가진 지식과 인류애와 맨손만으로, 단지 그것만으로 생명을 구해야 한다. 나는 힘없이 계단을 올라 다시 현관 앞 광장에 섰다.

그래도 내 주위에는 의사와 학생과 간호사 스무 명이 모여 최후의 구조작업에 임하고 있다. 2인조로 나눠 방에 쓰러져 있는 환자들을 맨몸으로 구출하고 있다. 구출한 환자들은 현관 옆 석탄 보관소에 눕혔다. 불똥이 떨어지지 않는 곳은 지금 이곳밖에 없었다. 나는 그 한가운데에 묵묵히 서 있었다. 불길은 갈수록 거세졌고, 하늘에는 검은 연기가 소용돌이치고 있었다. 그 악마 같은 구름도 불빛을 받아 기이한 모습으로 붉게 빛나고 있다. 더없이 불길한 정경이다.

"학장님을 구했습니다."

시로의 목소리에 뒤를 돌아보니 새빨간 봇짐 같은 것을 업고 현관에 서 있다. 가까이서 보니 그 봇짐은 다름 아닌 쓰노오 학장님이었다. 가운이고 각반이고 할 것 없이 머리끝부터 발끝까지 온통 피로 물들어있다. 안경도 없다.

"아, 나가이 교수, 많이 힘들지? 고생이 많네."

학장님의 맥을 짚어보니 딱히 약하지도 않았고 불규칙하지도 않았다. 뒷산으로 2백 미터 정도 올라가서 안전한 곳에서 휴식을 취하게 해드리라고 시로에게 지시했다. 시 교수가 주사기를 준비해서 따라갔다. 학장님은 외래환자를 진료하던 중에 폭격을 당하셨다고 한다. 중상을 입은 오쿠 교수가 그래도 학장님을 도와 복도까지 나왔지만, 오쿠 교수는 과다출혈로 끝내 일어나지 못했고, 마침 시로가 나타나 학장님을 구조할 수 있었다. 얼마 후 내과의 마에다 간호부장이 병동에서 뛰쳐나와 학장님의 안부를 물었다. 마에다는 눈썹 위로 피가 흐르고 있었고 얼굴빛도 창백했다. 학장님은 뒷산으로 안전하게 대피했으니 괜찮다고 했지만, 간호부장은 대답을 듣자마자 쏜살같이 산으로 달려갔다.

하시모토는 17세, 쓰바키야마는 16세였다. 둘 다 키가 작고 통통한 체형이라서 애칭이 항아리와 땅콩이 었다. 이 앙증맞은 두 사람이 예진실로 들어가 보니 일곱 명의 환자와 학생이 신음하고 있었다. 두 사람은 출입문 가까이에 있는 거구의 남자를 일으켜 갓난아기를 안 듯 안아 올려 석탄 적재소로 옮겼다. 그리고 바로 돌아가서 같은 요령으로 다음 학생을 옮겼다. 예진실의 부상자들을 다 옮긴 두 사람은 검사실로 이동했다. 그곳에는 낯익은 간호사도 있었다. 하마자키 간호사를 안고 계단을 내려가면서 하시모토는 난생 처음으로 환희의 감정을 알게 되었다. 그 감정은 뭐라 표현할 수 없는 숭고하고 행복한 감정이었다. 하마자키 씨는 내게 안겨 불 속에서 탈출하고 있다는 사실도 모른 채 낮게 신음하고 있다. 쓰바키야마가 얘기하지 않는다면 하마자키 씨는 우리에게 구조된 사실을 영원히 모를 것이다. 만약 우리가 살아남아, 훗날 복도에서 마주친다면 아무것도 모른 채 가벼운 인사만 하고 스쳐지나가겠지. 그런 생각을 하자 자신도 모르게 입가에 미소가 번졌다. 어렸을 때 빨간 수유나무 열매를 빈병에 담아 소금절임을 한 적이 있었다. 아무도 모르게 창고 구석에 숨겨두고 아침저녁으로 맛을 보러 들어갔을 때, 루비처럼 붉은 열매에 매료되어 한참을 바라보곤 했던 그 순수한 환희가 아련하게 떠올랐다.

그때 쓰바키야마는 다른 생각을 하고 있었다. 오늘은 이 사람들이 왜 이렇게 가볍게 느껴지는 걸까. 부상자 이송 훈련 때도 그랬고, 구급차에서 엑스레이 촬영대로 환자를 옮길 때는 세 명이 함께 들어도 그렇게 무거웠는데…… 출혈로 인해 체중이 줄었기 때문일까. 그런데 나가이 교수님은 방공 훈련을 왜 그렇게 심하게 시키셨을까. 실전에서의 공포와 역경이 겨우 이 정도라면 연습 때 그렇게까지 어렵게 할 필요는 없지 않았을까. 간호사양성학교에 입학하고 얼마 지나지 않아 담력시험이 있었다. 아주 희미한 전등만 있는 암실에서 엑스레이 촬영기사들과 선배 간호사들이 시신과 중상자로 분장한 채 누워 있었고, 해부조차 배워보지 못한 1학년생을 한 사람씩 들여보내 맥을 짚어보게 했다. 지금 진짜 시신과 부상자를 안고 있지만 그때의 오싹한 기분은 전혀 들지 않는다.

환자 이송 훈련도 그랬다. 실제로 아나코보 돌산에 올라 아찔한 높이의 산허리에서 로프로 묶어 환자를 내렸다. 소방 훈련도 가짜가 아닌 진짜 불꽃을 창문으로 던지는 바람에 정말로 불이 날까 봐 간담이 서늘했었다. 그렇게 1년 동안 함께 웃고 울었던 고야나기와 요시다가 이곳에 없다는 사실이 더없이 쓸쓸했다. 불길에 가려 생사조차 확인할 수 없지만 왠지 이 근처까지 와 있을 것 같은 기분도 든다. 하시모토는 창밖으로 고개를 내밀고 "요시다, 요시다!" 하고 외쳐보았다. 쓰바키야마도 나란히 고개를 내밀고 "고야나기, 고야나기!" 하고 외쳤다. 불기둥이 다시 굉음을 내며 이쪽을 향해 무너진다.

부상자를 구출해낼 때마다 화염이 점령하는 공간도 점점 늘어났다. 하지만 손수건 한 장으로 코와 입을 가리고 불길과 연기가 소용돌이치는 실내로 뛰어 들어가 부상자를 구출해내는 일이 지금은 그 무엇보다 행복했다. 건물 밖으로 나왔는데도 이상하게 뜨거운 느낌이 들어서 살펴보니 소매에 불이 붙어 있기도 했다. 두 사람은 간호사로서의 보람을 진심으로 느끼고 있었다.

기절한 환자를 구조하는 건 그나마 수월했다. 하지만 의식이 있는 환자는 상처 부위가 아프다, 힘드니까 천천히 가라, 놔두고 온 물건이 있으니 가져다 달라는 등 요구사항이 많다 보니 시간이 훨씬 많이 걸렸다. 게다가 엄청난 폭격이 있었다는 것도, 지금 병원에 불이 번지고 있다는 것도 모르다 보니 화가 치밀 정도로 한가한 소리를 늘어놓기도 한다. 오쿠라 교수와 야마타가 내과 병동의 급성관절류머티즘 환자를 옮기려고 하자 환자는 아프다고 비명을 지르더니, 이렇게 아프게 할 바에는 차라리 그냥 놔두라고 했다.

어쩔 수 없이 다른 환자를 먼저 옮겼고 결국 마지막으로 류머티즘 환자만 남았다. 다시 한 번 안아 올리려고 하자 들것이 없으면 싫다고 고집을 피운다. 두 사람은 들것을 찾아 주변을 돌아다녔지만 쓸 만한 것은 하나도 없었다. 시간이 너무 지체되자 들것을 포기하고 다시 병실로 갔지만 그곳은 이미 화염에 둘러싸인 후였다.

"한 사람은 구하지 못했습니다." 오쿠라 교수는 내게 힘없이 말했다.

"그만큼 최선을 다했으니 괜찮습니다. 그 환자의 책임은 제가 지도록 하죠." 나는 그렇게 오쿠라 교수를 위로했다. 하지만 오쿠라 교수와 야마타는 마치 살인이라도 저지른 듯한 표정으로 불길이 일렁이는 병실을 올려다보고 있었다.

손목시계를 보니 이미 2시가 지나고 있었다. 어느새 세 시간이 흐른 것이다. 화염은 지금 절정을 이루고 있다. 조금 전부터 바람은 서풍이었다. 하늘에는 수십 미터의 불기둥들이 서로 경쟁이라도 하듯 솟아올랐다가 바람에 밀려 동쪽으로 무너지고 있었다. 마을에서 불어오는 바람이 대학을 향했기 때문에 이 석탄 적재소도 위험해졌다. 나는 환자들을 다시 언덕 위에 있는 밭으로 옮겨야겠다고 생각했다. 이 작업은 더욱 힘들었다. 워낙에 좁았던 길이 잔해더미로 막혀 결국 부상자를 업고 바위와 돌담을 기어오르는 수밖에 없었다. 나도 두명의 부상자를 옮겼는데 세 명째가 되자 완전히 힘이 빠져버렸다. 이마의 출혈은 여전히 멈추지 않아 삼각봉대를 세 번이나 갈았다. 안색이 창백하다고 간호부장이 주의를 주었다. 맥박도 심하게 약해졌다.

하시모토와 쓰바키야마가 거구의 남자를 거뜬하게 업고 올라가는 모습이 보인다. 갓난아기의 울음소리가 들린다. 돌아보니 아기 엄마는 중상을 입어 의식이 없었고, 2개월 정도 된 갓난아기가 배꼽을 드러낸 채 옆에서 울고 있었다. 불길은 이미 코앞까지 와있었다. 나는 최소한 아기라도 구해야겠다는 생각에 아기만 안고 언덕 위 밭으로 올라가 하마자키 옆에 뉘였다. 그때 하마자키가 갑자기 신음하더니 축 늘어졌다. 아, 끝내 숨졌구나. 나는 가위를 꺼내 그녀의 앞머리를 잘라 주머니에 넣었다. 야마다와 간호부장이 엄마와 아이를 떼어 놓으면 불쌍하다며 모친을 안고 올라왔다. 엄마의 품에 안겨주자 아기는 우렁차게 울었다. 그 순간 의식을 잃은 엄마의 손이 아기를 향해 움직였다.

하늘에서 빗방울이 툭툭 떨어지기 시작했다. 우박처럼 굵고 검은 비였다. 비가 떨어진 곳은 기름 찌꺼기처럼 자국이 생겼다. 이 검은 비는 악마의 구름에서 떨어진 듯했다. 검은 비로 인해 주변의 모습은 더욱 처참하게 변했다. 화재로 인해 산소가 연소되고 이산화탄소가 발생하면서 숨쉬기가 힘들어졌다. 모두 힘겹게 헐떡이고 있다. 다시 시계를 보니 4시였다. 환자는 모두 언덕 위의 밭으로 안전하게 옮겼다. 정찰 임무를 맡은 학생들이 지붕이 있는 곳을 찾아 사방으로 돌아다녔지만 보이는 것은 불길뿐이었고, 이곳 외에는 적당한 곳을 찾을 수 없었다.

우리는 둘러앉아 밥을 먹었다. 입맛이 없다는 간호사들에게 이런 상황이 얼마나 지속될지 모르니 먹어야 한다고 설득했다. 비록 비상식으로 때운 식사였지만, 배가 부르자 마음이 안정되는 듯했다. 차분하게 환자 한 명 한 명을 돌아보기 시작했다. 아픈 곳을 물어 보고, 응급처치를 하고, 지혈붕대를 다시 묶어 준다. 상처를 꿰매고, 삼각붕대를 다시 감아주고, 소독약을 바르고 부목을 대주고, 물을 먹여준다. 그리고 이불과 깔개 등을 구해와 덮어준다.

"앗! 표본실에서 불길이 뿜어져 나오고 있어!" 나가이가 소리친다. 십여 년 동안 애써서 모은 학술표본, 두 번 다시는 구할 수 없는 귀중한 증례사진이 지금 한 줄기 연기로 변하고 있다.

"아아, 촬영실도 불타고 있어."

"장비는 하나도 못 꺼냈는데……."

환자 구출에 시간을 빼앗긴 바람에 의료기구와 표본을 꺼낼 수 없었다. 우리에게 지식의 창고가 되어주었던 문헌도, 학술 발전의 기념이었던 표본도, 제 자식처럼 아끼고 아꼈던 의료장비도 모두 새빨간 불꽃으로 변해 하늘로 올라간다. 희망도 수많은 추억도 하나같이 눈앞에서 검은 연기가 되어 사라져간다. 우리는 그저 망연히 지켜보고 있을 수밖에 없었다. 더욱 거세진 불길은 마침내 필름창고로 옮겨갔고 시커먼 연기와 불꽃을 뿜어내며 굉음을 내기 시작했다. 모든 것이 끝났다고 생각하자 무릎의 힘이 빠졌다. 나는 그대로 바닥에 주저앉았다. 간호부장과 간호사들이 훌쩍훌쩍 울기 시작한다.

대학은 완전히 하나의 불덩이가 되어 마지막을 고하고 있다. 쓰노오 학장은 위독한 상태였고, 나이토 병원장은 이미 병원과 운명을 같이한 듯했다. 연락 임무를 맡은 학생의 보고에 따르면 고오노 교수와 시라베 교수 두 분만 무사했고, 기타무라 교수와 하세가와 교수는 피투성이가 된 채로 다른 직원의 도움을 받아 뒷산으로 피신한 것을 보았다고 한다. 그밖에 다른 교수들의 모습을 본 사람은 없었다. 학생과 간호사 중 80퍼센트는 사망한 듯했고, 생존자 중에도 부상자가 많았다. 언덕에서 구조활동 중인 외과 소속과 뒷문 쪽에서 구조활동 중인 피부과와 소아과 소속의 인원들을 합쳐도 멀쩡한 사람은 50명 정도일 것이다. 기초의학과는 전원 사망한 듯했다. 결국 대학은 인적으로도 물적으로 전멸했다고 볼 수 있다. 언덕 위에 서서 타오르는 나가사키 의과대학의 최후를 보고 있는 우리의 모습은 쇼와시대의 소년결사대 백호대와 다를 바 없었다.

오쿠라 교수가 병실에서 하얀 시트를 꺼내왔다. 나는 내 턱에 매달려 있던 핏덩이를 떼어내 시트에 일장기를 그렸다. 장대 끝에 일장기를 묶어 세우자 열풍에 휘날리며 크게 펄럭였다. 소매를 걷어붙이고 흰 머리띠를 동여맨 나가이가 두 손으로 장대를 높이 쳐들었다. 검은 연기에 휩싸인 언덕 위로 피로 그린 일장기가 솟아오른다. 우리는 묵묵히 일장기를 지켜보았다. 때는 오후 5시. 이렇게 해서 나가사키의과대학은 전쟁에 패하고 잿더미로 돌아갔다.

1950년 개봉된 영화 〈나가사키의 종〉 포스터.
원폭 피해를 최초로 다룬 영화로 연합군최고사령부(GHQ)
허가하에 제작 상영되었다.

5

그날 밤

우리는 학장님이 계시는 감자밭으로 몰려갔다. 그곳에서도 시라베 교수의 지시에 따라 학생들이 바쁘게 오가며 환자들을 치료하고 있었다.

학장님은 그 구석에서 비에 젖은 채 외투를 덮고 웅크리고 계셨다. 그 모습에 저절로 눈물이 났다. 학장님에게 그간의 보고를 올리고 돌아서는데 갑자기 현기증과 함께 다리의 힘이 풀렸다. 마침 그곳에는 우메즈가 조로 기사의 간호를 받으며 누워 있었다. 내친 김에 옆에 앉아 우메즈의 맥을 짚어본다. 의외로 맥박은 힘차게 뛰고 있었다. 나는 안심하고 웃옷을 벗어 비에 젖은 우메즈에게 덮어주었다. 그러고 나서 대여섯 걸음을 걸어 밭 한 단을 내려간 순간 휘청하며 정신을 잃고 쓰러졌다.

"경동맥을 눌러!" 시 교수가 외치는 소리가 들렸다. 그러자 누군가가 내 목덜미를 꽉 눌렀다. 눈을 뜨고 올려다 보니 붉게 물든 구름 아래로 시 교수, 간호부장, 하시모토 간호사가 나를 내려다보고 있었다. 생사를 몰라 걱정했던 가네코 촬영기사의 얼굴도 보였다.

"봉합사, 핀셋, 거즈!"

시 교수가 다급하게 외쳤다. 다음 순간 귀 부근에 있는 상처로 무언가가 들어왔고, 금속이 부딪치는 차가운 소리가 났다. 이따금 따뜻한 피가 볼을 타고 흘러내린다.

"눌러! 닦아! 거즈!"

교수가 계속해서 소리친다. 핀셋 끝으로 신경섬유를 집자 온몸의 통각이 일제히 깨어났고 발가락 끝이 팽팽하게 긴장된다. 나는 나도 모르게 손에 잡힌 풀을 쥐어뜯었다.

시라베 교수가 달려왔다. 시 교수가 무언가 속삭이더니 다시 내 맥을 짚는다. 나는 포기하는 심정으로 눈을 감았다.

"동맥의 절단 부위가 뼈 뒤로 말려들어갔어." 하고 시 교수가 설명해주었다. 그 뒤로도 몇 번인가 발가락이 팽팽하게 당겨졌고, 손은 다시 풀뿌리를 쥐어뜯었다. 하지만 다행히도 수술은 성공했다.

"나가이 교수, 괜찮아. 피는 멈췄어."

시 교수는 그렇게 말하고 일어섰다. 교수에게 감사의 말을 전하려는 순간 갑자기 온몸이 나른해지면서 다시 정신이 아득해졌다.

해가 졌다. 지상은 여전히 활활 타오르고 있었고, 하늘을 뒤덮은 악마의 구름은 불길한 기운을 드리운 채 붉게 빛나고 있다. 하늘이 보이는 곳은 서쪽의 이나사산 상공뿐이었다. 구름 사이로 조그맣게 열린 하늘에 가느다란 초생달이 날카롭게 빛난다. 전염병 병동 위쪽 골짜기에서는 남자들이 널빤지와 짚을 모아 가건물을 짓고 있었고, 여자들은 철모에 호박을 삶아 저녁식사를 준비했다. 나가이와 다지마가 비상식량을 얻기 위해 현청까지 나갔다. 우리는 감자밭에서 호박 삶는 불을 에워싸고 작은 원을 만들었다. 살아남은 자들이 모인 이 작은 원. 서로의 얼굴을 마주보며 이 원을 이루고 있는 몇 안 되는 우리야말로 깊고 깊은 인연의 끈으로 연결되어 있다는 생각이 들었다. 우리는 서로의 손을 꼭 잡고 가만히 앉아 있었다.

이미 어두워진 위쪽 숲에서 "들것을 가져와 주세요!" "누가 주사 좀 놔주세요!" 하고 애처롭게 외치는 소리가 들린다. 친구의 이름을 부르는 소리, 부모님을 찾는 소리, 귀에 익은 목소리, 여러 명이 입을 모아 외치는 소리.

우리는 아직 찾지 못한 일곱 명의 동료를 죽었다고 인정하고 단념했다. 피부과의 사키타는 대퇴부 골절로 꼼짝 못하고 지금 방공호에 있다고 한다. 후지모토는 무너진 강당에서 구사일생으로 살아나 지팡이를 짚고 이곳까지 왔지만 집으로 돌려보냈다. 그리고 아직 생사를 확인하지 못한 쓰지타와 가타오카, 야마시타 등 다섯 명의 간호사가 있다. 그들은 살아 있기만 한다면 어떻게 해서든 학교로 돌아올 사람들이었다. 설령 죽음의 문턱에서 실낱같은 생명줄을 잡고 있는 상태라도 반드시 우리에게 돌아와서 생을 마감할 동료들이다. 그 정도로 우리의 연대감은 견고했다. 그런 그들이 벌써 8시간이 지났는데도 모습을 보이지 않는다면 사망했다는 의미다. 우리는 조용히 묵도를 올렸다.

그때 벌거벗은 거구의 남자가 느릿느릿 걸어왔다.

"앗, 나가이 교수! 드디어 찾았군."

"아아, 세이키 교수님. 살아 계셨군요."

"나 혼자서는……." 세이키 교수는 말을 잇지 못하고 털썩 주저앉았다. 손에 짚고 있던 나무막대가 툭 떨어진다. 어깨를 들썩이며 힘겹게 숨을 쉬고 있는 그 모습은 상처 입은 황소 같았다.

"빨리 가봐요. 학생들이 죽어가고 있어. 이미 절반 이상이 숨졌어. 주사기도 가지고 가. 죽게 내버려 둘 수는 없어. 약학과 건물 방공호야."

"곧바로 가겠습니다. 일단 이 호박이라도 드십

시오.”

"괜찮아, 지금 이런 걸 먹고 있을 때가 아니야. 빨리 갑시다!"

시 교수, 간호부장, 하시모토, 오자사가 구급상자를 들고 일어섰다. 세이키 교수는 시로의 부축을 받아 간신히 일어섰다.

"학교가 완전히 사라져버렸어. 정말 엄청난 일이 일어났어. 사람들은 전부 죽고, 길도 엉망진창이라서 겨우 3백 미터 오는 데 한 시간이 걸렸어. 나가이 교수, 난 그럼 가보겠네. 다시 오지. 아, 다행이야. 학생들을 구할 수 있겠어."

세이키 교수는 간호부장의 어깨를 붙잡고 불길에 갇힌 대학 안으로 다시 비틀비틀 걸어갔다. 세이키 교수 일행은 기초의학 건물 뒤쪽을 중심으로, 오구라 교수와 야마타 등은 이곳 가건물을 중심으로 야간 구조작업을 계속할 것이다. 나와 우메즈는 가건물 짚더미 위에 누워 있었다. 벌레도 절멸했는지 주위에 적막감만이 감돌았다.

지상의 모든 것을 불태우고 하늘까지 덮어버린 불길의 반사광에 의지해가며 신음소리를 좇아 부상자를 찾아냈다. 상처에 붕대를 감고 주사를 놓은 후 안아 올린다. 도로는 화염으로 가로막혀서 쓰러진 나무를 넘어 돌아가는 수밖에 없었다. 무너진 돌담을 기어오르기도 하고, 널다리가 날아간 것도 모르고 건너가다가 환자를 업은 채 개울에 빠지기도 했다. 발바닥에 못이 박히기를 여러 번, 걸을 때마다 통증이 전해졌고 유리에 베인 무릎에는 바지가 찰싹 달라붙었다. 구조대는 의학부 부장 다카기 교수를 찾아냈다. 이어서 이시자키 조교수, 마쓰오 교수를 차례차례 구조해왔다. 가건물도 마침내 부상자의 신음으로 가득 찼다. 약학 국장의 딸도 중태였다. 지나가던 보험 수금원이 가건물 안으로 쓰러지듯 들어온다. 죄수 두 명도 잠자리를 찾아 들어왔다.

그러는 동안 상공에는 적기가 두 번 나타났고 삐라 탄 터지는 소리가 들렸다.

한밤중이 되서야 불길은 간신히 잦아들기 시작했다. 숨이 다한 걸까, 포기한 걸까, 피곤에 지쳐 잠든 걸까. 신음소리마저 사라진 세상은 고요함에 빠져든 채 엄숙한 순간을 맞이했다. 그 시각 도쿄 대본영에서는 천황의 종전 선언이 발표되었던 것이다.

지구 전체를 무대로 전개됐던 제2차 세계대전은 갈수록 고조되고 있었고, 세계는 이 전쟁이 어떤 파란을 초래할지 두려워했다. 그런데 원자폭탄의 등장으로 전쟁은 클라이맥스에 이르렀고 갑작스럽게 막을 내리게 된 것이다. 분명 엄숙한 순간이다. 나는 불길한 빛을 발산하며 나지막이 떠다니는 방사능 구름을 먹먹한 심정으로 바라보고 있었다. 이 방사능 구름이 흘러가는 그 끝은 어디일까. 그 앞에 기다리고 있는 길은 불운일까 행운일까. 정의일까 사악함일까. 지금 이 상공에서 새로운 원자폭탄의 시대가 열리고 있는 것이다.

6

원자폭탄의 위력

8월 10일. 태양은 여느 때처럼 곤피라 산 위로 고개를 내밀었지만, 그 빛을 맞이한 것은 아름다운 우라카미가 아니라 잿더미가 된 우라카미였다. 살아 있는 마을이 아니라 죽음의 언덕이었다.

공장은 마구잡이로 짓밟혔고 굴뚝은 모두 부러졌으며, 상점가는 기와조각과 자갈이 강을 이루고 있었다. 주택가는 돌담 흔적만 남았고, 밭에 있던 농작물은 모두 휩쓸려 사라졌다. 숲은 잿더미로 변했고 나무는 성냥개비처럼 쓰러져 있었다. 황량한 벌판으로 변한 거리에는 개 한 마리 돌아다니지 않는다. 한밤중에 불길이

번진 성당은 진홍빛 불꽃을 피워 올리며 최후를 맞이하고 있었다.

우리는 꼭두새벽부터 약학과 건물 방공호로 이동해서 구조를 시작했다. 운동장 구석에 함석을 베고 누워 있는 사람이 있어 달려가 보니 세균학과의 야마다 교수였다. 교수는 우리에게 쓰지타의 마지막 상황을 알려주었다. 우리는 곧바로 세균학 교실로 달려갔다. 실험실 잿더미 속에 검게 타버린 뼈가 뒤섞여 있다. 그중에 여성의 유골로 보이는 것이 아마도 쓰지타일 것이다. 유골은 대답도 하지 않고 웃지도 않는다. 조심스럽게 뼈를 집어 종이로 감싸며 이 모든 것이 제발 꿈이기를 간절하게 바랐다. 강의실에도 햇빛을 받아 하얗게 빛나는 잿더미 속에 수십 점의 검은 뼈가 가지런히 놓여 있다. 이 속에 우리의 가타오카도 있을까. 펜을 꼭 쥔 채 젊은 목숨을 빼앗긴 학생들. 어제 아침에는 그렇게 씩씩하게 사각모를 쓰고 교문을 들어섰는데.

예상은 했지만 결코 바라지 않던, 가장 두려운 상

황이 현실이 되었다. 운동장 밭에서 다섯 구의 시체가 발견된 것이다. 아무리 기다려도 오지 않은 것이 당연했다. 아무리 불러도 대답하지 않은 것이 당연했다. 여기 이렇게 쓰러져 있었으니 말이다.

야마시타, 요시다, 이노우에 간호사가 먼저 밭에서 풀을 뽑고 있었고, 뒤이어 하마와 고야나기 간호사가 다가오며 그들을 불렀을 것이다. 세 사람이 일어나서 손을 흔들었고, 뒤에 온 두 사람도 같이 손을 흔들며 달려갔다. 그 순간 폭격을 당한 것이다. 세 사람과 두 사람은 떨어진 채 한 팔을 올리고 쓰러져 있었다. 간호부장이 야마시타의 어깨를 붙잡고 흔들었지만, 천진난만한 얼굴은 이미 죽음의 그림자로 덮여 있었다. 이렇게 일찍 죽을 줄 알았다면 그렇게 야단치지 말 것을. 간호부장은 야마시타의 귀여운 코를 바라보며 생각했다. 한 번도 꾸짖지 않았던 이노우에보다 늘 꾸중했던 야마시타가 더 애잔하게 느껴진다. 작은 강아지 배지도 그대로 가슴에 달려 있고, 가느다란 입술에는 흙이 묻어 있다.

단 한 발로 이렇게 많은 생명을 빼앗고, 이렇게 엄청난 파괴력을 보인 폭탄의 정체는 대체 무엇일까. 간호부장이 달려와서 한 장의 종이를 건넨다. 어젯밤에 적기가 뿌린 삐라였다. 삐라를 훑어본 나는 무심코 소리를 질렀다.

"아! 원자폭탄!"

나는 다시 한 번 어제와 똑같은 충격을 받았다. 원자폭탄이 완성되었다. 일본은 패배다!

역시 그랬다. 이 위력은 원자폭탄이 아니면 불가능하다. 어제부터 관찰한 결과는 예상했던 원자폭탄의 현상과 딱 맞아떨어졌다. 미국은 결국 이 어려운 연구에 성공한 것인가. 과학의 승리, 조국의 패배. 물리학자의 환희, 일본인의 비탄. 원자탄 폭격으로 처참하게 변한 주변을 나는 복잡한 마음으로 배회했다.

죽창이 떨어져 있었다. 발로 걷어차자 툭하고 맥없는 소리를 낸다. 죽창을 집어 들어 하늘을 찌르자 눈물이 나왔다. 죽창과 원자폭탄! 아아, 죽창으로 원자폭탄을 대적하려고 했다니. 이 무슨 비참한 희극인가. 이것은 전쟁이라고 할 수 없다. 이것은 전쟁이 아니다. 국민

은 그저 죽임을 당하기 위해 이곳에 줄세워져 있었을
뿐이다.

삐라에는 이렇게 적혀 있었다.

일본 국민에게 고함!

이 삐라에 적힌 사항을 주의 깊게 읽어주기 바란다.

미국은 지금까지 그 누구도 만들어내지 못한 강력한 폭탄을
발명해냈다. 이번에 발명된 원자폭탄은 단 한 발만으로도
그 거대한 B29 2천 기에 탑재한 폭탄에 필적한다. 이 엄청난
사실을 일본 국민들은 잘 판단하지 않으면 안 될 것이며, 우
리는 이 내용이 명백한 사실임을 보증하는 바이다.

우리는 이제 일본 본토에 다른 무기를 사용하기 시작했다.
만약 아직도 의심이 간다면 이 원자폭탄이 히로시마에 단
한 발 투하됐을 때 어떤 사태가 야기됐는지 확인해보기 바
란다.

무익한 전쟁을 지속하게 만드는 일본의 군사상의 모든 원동
력을 이 폭탄으로 파괴하기 전에 일본 국민이 나서서 전쟁을
멈추도록 국가에 청원하기 바란다.

미국 대통령은 명예롭게 항복할 수 있는 13가지 조항을 이

미 전했다. 이 조항을 승인하고 평화를 사랑하는, 새로운 일본을 건설하기를 권하는 바이다. 일본의 국민은 즉시 무력 저항을 중지하기 위한 조치를 강구해야 한다.

그렇지 않으면 우리는 단호하게 이 폭탄 및 다른 뛰어난 무기를 사용해서 전쟁을 신속하고 강력하게 종결시킬 것이다.

한 번 읽었을 때는 놀라서 숨이 멎는 듯했다. 두 번 읽었을 때는 미국이 우리를 속이고 있다고 생각했다. 세 번 읽었을 때는 완전히 헛소리라고 생각했다. 하지만 네 번째 읽고 나니 다시 생각이 바뀌었다. 삐라의 내용이 사실일지도 모른다고, 다섯 번 읽었을 때는 이것이 선전용 삐라가 아니라 냉정하게 사실을 전하고 있음을 깨달았다. 나는 오른손에 죽창을 짚고 왼손에 삐라를 움켜쥔 채 방공호에 있는 세이키 교수에게 갔다.

세이키 교수는 삐라를 읽더니 신음소리와 함께 바닥에 쓰러져버렸다. 그리고 허공을 노려본 채 거의 한 시간 가까이 아무 말이 없었다.

원자가 폭발하면 그다음에는 무엇이 나타날까. 나

는 세이키 교수 옆에 누워 생각했다. 거대한 원자력, 미립자, 전자파, 열. 먼저 이 네 가지가 머리에 떠오른다. 원자력, 즉 원자가 창조된 순간부터 원자핵 내부에 잠재해 있는 힘. 원자의 형태를 유지하고 그 작용의 원천이 되는 힘. 그것은 원자의 체적에 비하면 놀라울 만큼 막대한 에너지이자, 실로 만물유전의 원동력이다. 일부 학자는 태양에서 끊임없이 발생되는 거대한 에너지는 실제로 태양의 원자가 시시각각 폭발하면서 발하는 원자력이라고도 한다. 따라서 원자폭탄은 인공태양이라고 해도 좋을 것이다. 이 거대한 원자력은 원자의 분열과 동시에 해방되며, 단숨에 만물을 압살한다. 원자분열은 진공 상태, 공기 중, 땅속, 물속 등 환경에 따라 발생하는 현상이 각기 다르다. 이번에는 공기 중에서 분열했다. 방출된 거대한 힘이 먼저 공기분자를 사방으로 밀어내면서 거대한 풍압이 사방으로 진행한다. 그때 내부에는 진공 상태가 발생할 것이다. 그리고 거대한 풍압에 뒤이어 거대한 음압이 따라올 것이다. 이때 지형이 우라카미 같은 골짜기라면, 구면파가 충돌해 반사할 때 복잡한 간섭을 일으킬 것이다.

이렇게 해서 먼저 커다란 풍압이 지면의 물체를 밀어뜨리고, 짓누르고, 부수고, 날려버린다. 뒤이어 음압이 오면 이번에는 사물을 끌어당기고 빨아올리는 힘 때문에 가벼운 물체는 흙먼지와 함께 하늘 높이 소용돌이치며 올라간다. 이후 복잡한 풍압이 뒤섞여서 한동안 마구잡이로 휘몰아칠 것이다. 그 결과 어떤 방향으로 움직일지 예측 불가능한 상태가 된다. 이 폭압의 속도는 대체로 음파의 비슷할 것으로 보인다.

원자가 분열될 때 방출되는 미립자는 원자 구성 입자인 중성자, 양성자, 알파 입자, 음전자, 원자핵 분열로 생긴 새로운 원자, 그리고 쪼개지지 않는 원래의 원자다. 이 가운데 가장 강력한 작용을 보이는 것은 중성자다. 중성자는 전기적으로 중성을 띠는 작은 입자이기 때문에 일정 초속으로 원자핵에서 탈출한 중성자는 도중에 전기장과 자기장의 영향을 받지 않고 그대로 직진해서 물체를 관통한다. 그 속도는 1초에 약 3만 킬로미터로 돌진할 것이다. 단, 수소원자에 충돌하면 정지하는 성질이 있어서 물이나 습한 흙, 파라핀을 만나면 차단된다. 알파 입자와 양성자는 양의 전하를 띠고 있어서 전기장과 자기장의 영향을 받아 그 속도가 변하기도 하고, 때로는 음양결합이 되거나 공중 방전을 일으키기 때문에 그 대부분은 지상에 도달하기 전에 공중에서 부유하다 사라질 것이다.

원자핵 분열에 의해 생겨난 작은 원자는 원래의 원자보다 작고 일정 시간 불안정한 상태로 방사선을 방출하지만, 이 원자는 체적이 커서 진행 도중에 받는 저항도 크기 때문에 이내 속도를 잃고 마찬가지로 공중에 부유할 것이다. 이 원자는 방사능 낙진이 되어 지면에 떨어져 쌓이고, 당시의 바람 방향에 따라 주변으로 퍼지면서 오랫동안 잔류방사능의 원천이 될 것이다. 그리고 이 미립자들은 폭발과 동시에 먼저 구형으로 확산하고 속도와 중력과 부력과 기압 등의 조건에 따라 여러 형태로 나타날 것이다. 그리고 이 미립자를 중심으로 수증기가 응결되기도 할 것이다. 폭발 직후에 생긴 버섯구름은 이 때문이며, 그 굵고 검은 빗방울도 이렇게 생겨났을 것이다.

이러한 변화가 순식간에 일어나기 때문에 당연히 거대한 열에너지가 발생한다. 폭심지의 최근거리에 있는 물체는 시커멓게 타버린다. 예컨대 약학과 건물 입구의 기둥은 폭심지를 향하고 있는 반쪽 부분이 새까맣게 타버렸다. 특히 열을 흡수하는 검은색 물체는 더 심하게 타버린다. 이노우에의 눈동자에서 검은자위만 구멍이 뚫렸던 이유, 검은색 기와 표면에 거품이 일었던 이유, 옷의 검은 무늬 그대로 열상을 입은 환자가 있었던 이유, 돌의 검은 부분이 부스스 벗겨진 이유 등이 여기에 있다.

원자 내에서 하전입자의 급격한 위치 이동이 일어난 결과 전기장과 자기장의 뒤틀림이 발생하고, 이는 전자파로 방사된다. 파장이 짧은 전자파 순으로 나열하면 감마선, 엑스선, 자외선, 광선, 적외선이다. 더욱 파장이 긴 전파가 나올지도 모른다. 그 속도는 모두 1초에 29만9천7백9십 킬로미터라는 엄청난 수치다. 광선이 번쩍하고 눈을 찌른 그 순간이 원자 폭발의 순간이며, 동시에 무시무시한 감마선이 신체를 관통하고, 적외선은 노출 부위에 화상을 입힌다.

세이키 교수를 중심으로 모두 열심히 토론 중이다.

"대체 이걸 완성시킨 사람은 누굴까요? 콤프턴? 아니면 로렌스?"

"아인슈타인도 분명 큰 임무를 맡았을 겁니다. 그리고 닐스 보어나 페르미 등 유럽에서 미국으로 쫓겨난 학자들도 참여했겠죠."

"중성자를 발견한 영국인 채드윅이나 프랑스의 퀴리 부부도요."

"벌써 몇 년이나 학술 교류가 막혀 있어서 중요한 연구 발표를 확인할 수 없으니 잘 모르겠지만, 분명 새로운 대가가 나타났을 겁니다. 더구나 미국에서 한 일이니 수천 명의 과학자를 동원해서 연구를 분담시켜 효율적으로 진행했겠죠."

"이건 실험실로 끝나는 일이 아닙니다. 원료의 채굴, 정제, 분석, 순수 분리 작업에만도 대대적인 노동력이 필요하죠. 나중에 발표되면 알겠지만, 일본의 무기 연구소 따위 그쪽의 규모와 비교하면 빌딩 옆에 떨어진 성냥갑 수준일 겁니다. 아마도 수십만 노동자의 힘이 이 한 발의 원자폭탄에 담겼겠죠. 고작 수백 명의 여학생이 종이와 풀로 조물거리는 일본의 비밀병기와는 차원이 달라요."

"그럼 재료는 대체 무슨 원자를 썼을까요? 역시 우라늄?"

"글쎄요, 혹시 알루미늄 같은 가벼운 원자가 아닐까요?"

"하지만 그런 작은 원자는 방출되는 힘도 적을 텐데."

"우라늄 원광은 흔치 않아서 이렇게 대규모 전쟁에 사용할 수 있는 원소를 구하는 게 쉽지 않을 텐데요."

"무슨 소립니까. 우라늄 광물은 캐나다에 널렸어요."

"그건 그렇고, 도대체 어떤 방법으로 원하는 순간에 맞춰서 그렇게 대량의 원자 폭발을 일으킨 걸까요?"

"바로 그겁니다. 그 문제가 각국 물리학자들 사이의 경쟁의 초점이었죠. 아까 로렌스라는 이름이 나왔죠? 그 사람이 입자가속기를 발명한 원자핵폭발 분야의 일인자입니다."

"설마 그 폭탄 속에 입자가속기를 넣었다는 건 아

니죠? 이화학연구소에 있는 기계를 본 적이 있는데 집 채만 하던걸요."

"그걸 작게 만든 건 아닐까요?"

"불가능합니다. 고압절연이나 전자석 등이 필요해 서 작게 만들 수가 없어요."

"라듐 같은 걸 이용해서 알파선 같은 걸 이용 하면?"

"아니면 우주선宇宙線의 중간자 같은 걸 이용할 수 는 없을까요?"

"앗! 생각났다. 그래, 피션이야!"

"피션? 그게 뭐죠?"

"피션. 핵분열입니다. 마이트너 여사가 발견한 그 현상이요."

"마이트너 여사는 별로 들어본 적이 없는데. 어느 나라 사람이죠?"

"오스트리아 사람입니다. 연구는 코펜하겐에서 했 고요. 그녀 역시 히틀러에게 쫓겨난 학자 중 한 명이죠. 오토 한 박사의 조수였는데 지금은 예순을 훌쩍 넘긴 할머니입니다. 프랑스의 페르미 교수의 연구에도 관여

했죠. 우라늄 원자핵에 느린 속도로 중성자를 충돌시키면 우라늄 원자가 둘로 갈라진다는 사실을 발견했어요. 중성자의 속도가 너무 빠르면 원자핵을 그대로 통과하기 때문에 아무 일도 일어나지 않죠. 천천히 날아온 중성자가 원자핵 속에 파고들어 가면 갑자기 핵이 두 개로 분리됩니다. 그리고 핵 안에 잠재해 있던 원자력이 분출되는 거죠."

"오호, 편리하군요. 중성자만 있으면 되는 거 아닙니까."

"여기서 재미있는 게, 분리된 두 핵의 질량이 원래의 질량보다 줄어들었다는 사실입니다. 이는 이전에 아인슈타인이 발표한 에너지 질량의 보존 이론을 사실로 증명한 거죠. 물리학의 혁명이라고도 할 만한 발견입니다. 최근 과학계에서 가장 중요한 진척이기도 하고요. 핵이 두 개로 갈라질 때 그 일부의 질량이, 그러니까 다시 말해 물질이 홀연히 소멸하고 동시에 같은 양의 에너지가 발생한 겁니다. 원자폭탄의 에너지가 바로 그거죠."

"물질이 갑자기 에너지로 변한다는 말인가요?"

"그렇습니다. 물질의 질량에 광속의 자승을 곱한 것이 그 질량의 에너지입니다."

"빛의 속도가 약 초속 300억 센티미터니까, 그 자승이면 엄청난 수치겠네요. 1그램의 질량이 에너지로 변하면 대체 어느 정도나 될까요."

"대충 계산해보면, 1그램의 물질이 에너지로 변하면 1만 톤의 물건을 1백 킬로미터 운반하는 힘이 되겠죠."

"우와!"

"이곳 우라카미를 날려버린 원자폭탄을 보면, 대량의 원자가 사용됐고 여러 가지 장비도 필요했을 테니까 탄체는 어뢰 정도의 크기였을 겁니다. 하지만 폭탄의 핵심인 원자의 실제 소비량은 겨우 몇 그램 정도의 적은 양이었을 겁니다."

"대단하군요. 하지만 수많은 원자핵을 동시에 분열시키려면 중성자를 얼마나 발사해야 할까요?"

"그게 또 절묘합니다. 우라늄 원자핵이 핵분열을 일으키면 감마선도 나오는데 대체로 두 개의 중성자도 튀어나옵니다. 그리고 이 두 개의 중성자가 근처의 핵에 부딪쳐서 다시 두 곳에서 핵분열이 일어납니다. 그리고 또 두 개씩 중성자가 나와서 이번에는 네 개의 핵을 분열시키죠. 그 다음은 여덟 개, 열여섯, 서른둘, 예순넷."

"백이십팔, 이백오십육, 오백십이, 천이십사, 이천사십팔."

"이런 식으로 처음에는 분열 개수가 적지만, 순식간에 엄청난 개수의 원자가 동시에 폭발합니다. 이걸 연쇄작용이라고 하죠."

"처음에 한 개의 핵분열만 발생하면 그다음에는 저절로 수많은 원자가 분열되는 것이네요. 그렇다면 엄밀한 의미에서는 동시가 아니고 어느 정도의 시간이 필요하다는 것이군요."

"그러고 보니 폭압이 몰아친 게 한순간이 아니라 수초 동안 지속되었던 듯하네요. 처음에는 조금 약한 풍압이 왔다가 갑자기 강력해졌다고 기억합니다. 그 뒤에 온 것은 반사 간섭의 결과 생긴 압력일 거고요."

"일본에서는 이 사실을 몰랐던 건가요?"

"알고 있었죠. 나도 이렇게 알고 있는데."

"그러면 우리는 왜 이 연구를 안 한 거죠?"

"마이트너의 실험은 이 전쟁이 시작되기 훨씬 이전에 있었으니까 당연히 모든 국가에서 시도했죠. 하지만 핵분열을 일으키는 우라늄에는 동위원소의 우라늄235와 238이 있는데, 우라늄235가 쉽게 분열되죠. 만약 우라늄 속에 다른 원소가 섞여 있으면 분열되지 않기 때문에 중성자가 들어가도 연쇄작용은 일어나지 않습니다. 따라서 연쇄작용의 완성을 위해서는 순수 우라늄235만 모아야 하죠. 이 과정이 상당히 힘든 작업입니다. 일본에서도 과학자들이 이 우라늄235의 순수 분리를 시도했지만 군부의 반대로 중단됐죠. 그런 만화 같은 연구에 막대한 비용을 사용할 수는 없다는 이유였습니다. 저도 들은 얘기입니다만."

"아쉽군요."

"지나간 일은 어쩔 수 없습니다. 어리석은 자를 지도자로 둔 현자의 탄식일 뿐. 그리고 또 말이죠, 핵이 분열해서 중성자가 나오는데, 우라늄 덩어리가 너무 작으면 공기 중으로 날아가 버려서 마찬가지로 연쇄작용이 중단됩니다. 그래서 우라늄 덩어리의 크기도 충분히 커야 하죠."

"순수 우라늄235를 대량으로 확보하는 건 어려운 일이죠. 미국이 우라늄 보유국이라고는 해도 상당히 고생했을 걸요."

"미국 과학자들이 열심히 연구한 결과이기도 하겠지만, 이 작업은 방사능물질을 다루는 일이니 분명히 많은 희생자가 나왔겠죠."

"희생자 없이는 과학의 발전도 없는 법이죠."

"제 생각에는 우라늄일 것 같지만, 새로운 인공원자일 수도 있습니다. 이 방면의 일인자인 로마의 페르미가 미국으로 건너갔다니까요."

"여하튼 위대한 발명이군요, 이 원자폭탄은."

예전에 원자물리학에 흥미를 갖고 그 분야의 연구에 종사한 적이 있었던 몇 명의 우리 교수들이 지금 이곳에서 그 원자물리학의 결정체인 원자폭탄의 피해자가 되어 방공호 속에 쓰러져 있다는 것, 직접 그 실험대에 올라 누구보다 가까이서 그 상태를 관측할 수 있다는 것, 그리고 이후의 변화를 계속해서 관찰할 수 있다는 것은 정말로 희박한 확률이다. 우리는 당했다는 비탄, 분개, 원통함의 감정 위로 새로운 진리 탐구의 본능이 꿈틀거리기 시작했음을 느꼈다. 원폭으로 황량해진 벌판에 불현듯 신선한 흥미가 솟아오른다.

나가사키에 떨어진 원자폭탄 '팻맨'(코드네임 Fat Man) 모형.
히로시마에 투하됐던 '리틀 보이'(Little Boy)보다 훨씬 강력한
위력의 폭탄이었다. 사진은 나가사키 원폭 자료관에 전시된 팻맨
모형. ⓒ박세연

7

원자폭탄이 남긴 상처

"선생님, 유독가스를 마신 걸까요? 왠지 속이 느글거리고 기운이 없어서 쓰러질 것 같아요."

"선생님, 폭탄 바람을 마셔서 그런지 메슥거리고 구토가 나려고 해서 고개를 들 수가 없습니다."

"저는 잔해에 매몰되기는 했지만 상처 하나 없었거든요. 그런데 오늘은 꼭 죽을 것만 같아요."

돌담 뒤나 무너진 건물 구석으로 도망쳐 화를 피했는데 갑자기 몸이 말을 듣지 않는다는 사람들이 내게 묻는다. 나 자신도 똑같은 증상을 겪고 있었다. 마치 송

년회에서 진탕 먹고 마셔댄 다음 날의 숙취 같은 불쾌한 상태다. 술을 마신 적이 없어서 숙취의 느낌을 모른다면 대신 뱃멀미를 떠올려보면 된다. 전신 권태감, 두통, 오심, 구역, 현기증, 탈진 등과 같은 불쾌한 증상이다. 이 증상들은 예전에 내가 라듐 실험에 열중했을 당시 자주 경험했던 감마선 중독 증상과 똑같다. 이는 가스나 바람과는 관계가 없다. 감마선의 작용이다. 번쩍이는 섬광을 본 순간 감마선이 우리 몸에 꽂힌 것이다. 더구나 감마선은 목조 주택 따위 아무렇지도 않게 관통하고 웬만한 콘크리트 벽도 통과하기 때문에 실내에 있던 사람도 모두 감마선에 노출된 것이다.

중성자도 방출되었기 때문에 그로 인한 증상도 발생할 것이다. 중성자에 대해서는 자료로만 접했을 뿐 직접 실험한 적이 없다 보니 지금의 이 증상이 중성자 중독인지 아닌지는 알 수 없다. 하지만 중성자에 노출되면 반드시 심각한 장애가 발생한다. 중성자는 감마선보다 생물에 미치는 영향이 훨씬 강력해서 더욱 위험하다. 더구나 증상이 발현되기까지 일정한 잠복 기간이 있는데 신체 부위에 따라 잠복 기간도 달라서 이후 어떤 증상이 언제 나타날지조차 알 수 없다. 원자폭탄과 중성자와 원자병을 떠올리자 두려움에 몸이 떨려왔다.

오늘은 부상자를 방공호로 옮기는 작업으로 하루를 보냈다. 하늘은 맑게 개어 있었고, 악마 같은 구름은 동쪽으로 사라졌다. 거침없이 작열하는 햇빛에 지면을 뒤덮은 잿더미의 열기까지 더해져 우라카미는 말 그대로 가마솥이었다. 어제 불길을 피해 정신없이 달리던 사람들이 겨우 안도의 한숨을 내쉰 자리에서 그대로 마지막 순간을 맞이하고 있었다.

바위와 나무 뒤에 쓰러진 채 꼼짝하지 못하는 사람들. 그들 중에는 이미 목숨이 끊어진 사람도 있었고, 마지막으로 물 한 모금을 달라는 사람도, 희미하게 신음만 하는 사람도 있었다. 사람들이 여기저기로 무작정 달렸기 때문에 우리는 그들을 어디서 찾아야 하는지조차 난감했다. 그저 "누구 없어요?" 하고 외친 후 소리가 들리는 쪽으로 다가간다. 그렇게 쓰러진 사람들이 곤피라 산에만도 수백 또는 수천 명이다.

부상자 수는 엄청났다. 현청과 시청의 위생과, 의사협회, 경찰 등에서 일찌감치 계획적이고 조직적으로 구조 활동을 펼쳤다. 특히 경찰과 소방대원으로 조직된 경방단의 활약이 컸다. 오무라 해군병원에서도 다이잔 원장의 지휘 아래 재빨리 구호대를 투입했다. 구루메 육군병원의 구호대도 도착했다. 최고의 구호 기관이라고 자칭했던 우리 대학이 피구조자가 되다니 비통하고 처량한 마음이 가득했다. 하지만 교직원들은 하나같이 헌신적으로 구조 활동에 나서고 있었다. 고야나 교수는 집이 불타고 가족이 중상을 입은 상황에서도 학장 대리로 나서주셨다. 아들을 둘이나 잃은 시라베 교수는 장례도 치르지 못하고 부상자를 돌보고 있다. 그 외에도 가족과 집을 잃은 교직원과 학생들이 좌절하지 않고 묵묵히 구호 활동과 행방불명자 수색에 헌신하고 있었다. 쓰노오 학장과 다카기 의학부장은 물이 새는 방공호에 누워 있는 상태에서도 여전히 지휘를 맡고 있었다. 하지만 몸 상태는 더욱 나빠지고 있었다. 야마네 교수도 중상을 입은 상태로 발견되어 방공호 안에 눕혀졌다. 계속해서 부상자를 방공호 안으로 옮기는 와중에도 적기의 내습이 이어지고 있었다. 다시 섬광이 번뜩이는 폭탄이 떨어진다면 모든 것이 끝이다. 사람들은 멀리서 들리는 비행기 소리에도 모두 신경이 곤두서서 방공호 속으로 숨어버린다.

우리는 수많은 시체를 묻었고, 수많은 부상자를 치료했다. 그러면서 원자폭탄으로 발생한 상해에 대해 고찰하고 정리할 수 있었다.

원자폭탄으로 인한 상해는 직접적인 것과 폭발 현상에 따른 간접적인 상해가 있다. 직접 상해는 폭압, 열, 감마선, 중성자, 탄체 파편(불덩이)에 의한 것이며, 간접 상해는 파괴된 건물과 파편, 화재, 방사선에 오염된 물질로 인한 상해다. 충격으로 인한 정신이상도 간접 상해에 해당한다. 원자폭탄이 화약 폭탄과 뚜렷하게 다른 부분은 폭탄 파편으로 인한 부상이 없고 방사선 노출에 따른 상해가 발생한다는 점, 그리고 잔류 방사능으로 인해 오랫동안 영향을 미친다는 점이다.

폭압은 말로 표현할 수 없을 정도로 강력해서 건물 밖이나 옥상, 창가에 있던 사람은 모두 폭압에 날아갔다. 반경 1킬로미터 이내에서는 즉사하거나 몇 분 후에 죽었다. 5백 미터 떨어진 곳에서는 산모의 다리 사이에서 태반이 붙은 영아가 발견되었고, 복부가 찢어져 내장기관이 노출된 시신도 있었다. 7백 미터에서는 목이 찢겨 날아갔다. 눈동자가 튀어나온 경우도 있다. 내장 파열이 의심되는 창백한 시신도 있었고, 머리뼈 골절로 귀에 출혈이 생긴 시신도 있었다.

폭발 당시 상당한 고온의 열도 발생했다. 폭심지에서 5백 미터 떨어진 곳에서는 얼굴의 까맣게 탄 시신이 발견됐다. 반경 1킬로미터 이내에서 입은 열상은 증상이 무척 특이한데, 나는 이를 원자폭탄 열상이라고 불렀다. 원자폭탄 열상은 열상을 입음과 동시에 피부 박리를 동반한다. 열상을 입은 부위의 표피가 피하조직에서 분리되어 1센티미터 폭으로 길게 찢어지며, 그 중간이나 끝에서 잘려나가기도 했다. 벗겨진 표피는 수축해서 안으로 살짝 말린 채로 너덜너덜하게 매달린다. 색깔은 자갈색이다. 벗겨진 표피 안쪽으로 가벼운 출혈이 보인다. 열상을 입을 당시의 느낌은 뜨거움보다 순간적인 극심한 통증이며, 그 뒤로 상처 부위의 심한 한냉감과 동통을 호소했다. 벗겨진 피부는 약해서 쉽게 떨어졌다. 이런 종류의 열상을 입은 부상자 대부분은 짧은 시간 안에 사망했다.

원자폭탄 열상은 다음과 같은 과정을 거쳐 발생한 듯하다. 열복사에 노출된 부위가 열상을 입으면 피부가 열 변형을 일으켜 물러지고, 피하조직과의 결합조직도 약해진다. 열복사는 초속 30만 킬로미터의 속도로 폭발과 동시에 열상을 발생시킨다. 반면, 노출되지 않은 부위는 피하조직과의 결합조직도 건재했다. 이어서 얼마 후 폭압이 밀어닥치고, 뒤이어 진공상태가 발생하면서 주변이 음압 상태가 된다. 그 결과 신체의 피부는 바깥쪽으로 강하게 당겨진다. 이때 건재한 피부는 음압을 이겨내지만, 열상 부위는 벗겨진다. 피부 박리 현상은 일반적인 화상에서는 보이지 않는 증상이다.

반면, 반경 1킬로미터 이상 3킬로미터 이내에서는 일반적인 화상과 동일한 피부 변화를 보였다. 열상을 입었을 때 열감을 느낀 사람도 있고 느끼지 못한 사람도 있다. 작열감과 동통이 있으며, 피부는 빠르게 붉어지고 1시간에서 수 시간 내에 수포가 발생했다. 그런데

이 역시도 일반적인 화상으로 볼 수 없는 이유는 감마선과 중성자에 동시에 노출되었다는 점이다. 앞으로 이 상처가 어떻게 변할지 알 수 없다.

원자폭탄이 터졌을 때 탄체 파편이 불덩어리가 되어 쏟아졌다. 크기는 손가락 한 마디에서 어린아이 머리만 했고, 푸르스름한 빛을 발산하며 빠르게 떨어져서, 노출 부위에 피부 괴사를 일으킬 정도의 화상을 입혔다. 무너진 건물에 깔리거나 유리 등의 파편에 의한 창상(베인 상처), 화재에 의한 소사燒死 등은 일반적인 공습에서도 볼 수 있지만, 동시에 광범위하게 발생했다는 점이 특이하다.

감마선과 중성자로 인한 증상 중에서 초기에 발현된 것은 앞서 얘기한 원자폭탄 숙취 외에도 배뇨량 감소, 타액 분비 감소, 땀 분비 감소, 성욕 감퇴였다.

좁은 방공호 안은 시신과 부상자와 건강한 사람이 뒤섞여 발 디딜 틈도 없었다. 부상자의 신음 소리가 멈추면 죽었다는 신호였다. 아침부터 이어진 원자 이론 토론과 사상자 분류에 지쳤는지 밤이 되자 모두 말이 없어졌다. 주변이 조용해지자 어제부터 보아온 끔찍한 광경들이 계속해서 떠올라 꿈인지 생시인지 모를 불안의 경계를 헤맸다. 방공호 천장에서 떨어지는 물방울이 불길한 시곗바늘 소리처럼 들린다. 몇 시나 됐을까, 나를 간호하던 간호부장이 꾸벅꾸벅 졸다가 꿈을 꿨는지, 갑자기 나를 흔들며 "오야기, 오야기!" 하고, 어제 숨진 간호사의 이름을 불렀다.

8월 11일. 공기가 서늘한 새벽을 틈타 환자들을 육군병원으로 전부 옮기고 간신히 한숨을 돌렸다. 생존자 구조는 끝났고, 오늘은 시신을 찾아 화장해야 한다. 곳곳에서 슬픔의 붉은 불꽃이 인다. 두세 명씩 그 불꽃을 둘러싼 채 멍하니 서 있다. 우리도 야마시타를 비롯한 다섯 사람의 장례를 치른다. 소중한 생명이 이다지도 허무하게 끝나도 되는 걸까. 판자 조각에 연필로 작은 묘표를 써서 꽂았다. 무덤에 조화 한 송이 놓아주지 못했다.

비보를 듣고 달려온 유족들이 사랑하는 이의 이름을 부르며 화장터를 헤매었다. 비슷한 뒷모습을 발견하고 달려갔다가 실망하기도 하고, 살아남은 친구를 발견하고는 울고 또 울었다. 우리는 차마 애도의 말조차 해주지 못하고 그저 유가족과 함께 울면서 시신을 찾는다. 끝내 시신을 찾지 못한 유가족들은 학교에서 사망했으리라는 얘기를 듣고 교실로 찾아가 검은 뼛조각을 주워들고 묵념을 올릴 뿐이다. 어쩌다 발견된 시신은 얼굴이 알아볼 수 없을 만큼 손상돼서 명찰로 간신히 확인해야 했고 유족은 울음도 잊은 채 우두커니 그 옆에 서 있었다.

8

미쓰야마 구호대

나가사키 시 북쪽에는 세 개의 봉우리가 아름답게 솟은 푸르른 산이 있다. 정식 명칭은 구로다케 산이지만, 지역 주민들은 미쓰야마(세 개의 산이라는 의미)라고 부른다. 미쓰야마 산 뒤쪽 계곡에는 예전부터 화상 치료에 탁월하기로 유명한 광천이 솟아나고 있다. 고바고 마을의 로쿠마이이타 온천이라고 부르는데, 다이쇼 시대에는 작은 온천 여관도 있었다. 우리는 수많은 열상 환자를 치료하는 데 광천수 요법만한 것이 없다고 판단, 이 고바고 마을에 구호대를 개설하기로 했다.

8월 12일. 우리는 우라카미를 떠나 미쓰야마 산 계곡으로 들어갔다. 잿빛 시야는 이내 사라지고 눈에 보이는 모든 것이 푸르렀다. 청량한 바람이 불었고 숲은 생명력으로 넘쳐났다. 일행은 몇 번이나 멈춰 서서 심호흡을 하며 전쟁터의 먼지를 뱉어냈다. 숨을 쉴 때마다 몸속이 깨끗해지는 것을 느낀다. 고바고 마을의 후지노오라는 곳에서 집 한 채를 빌려 구호대 본부를 꾸렸다. 우리 일행은 일단 집 앞의 숲을 지나 계곡으로 내려갔다. 바위에 옷을 걸쳐두고 세차게 흐르는 청량한 계곡물에 몸을 담근다. 물을 이불 삼아 바위를 베고 누워 하늘을 올려다보니 계곡을 에워싼 짙푸른 나무가 하늘을 가리고 매미 소리가 빗소리처럼 들린다. 나무 사이로 얼핏 보이는 푸른 하늘 위로 하얀 구름이 유유히 흘러간다. 아아, 나는 살아 있구나, 살아 있어! 나는 전쟁터에서 읊었던 '오늘도 아직 살아 있는, 실낱 같은 생명. 더없이 소중하다'라는 시가 떠올라 몇 번이고 중얼거렸다.

계곡에서 나와 몸의 물기를 닦다가 깜짝 놀랐다. 오른쪽 상반신이 온통 유리에 베인 상처투성이다. 눈으로 보고 나니 그제야 통증이 느껴진다. 피범벅이 된 옷을 빨아 바위 위에 펼쳐두고, 마를 때까지 녹음 속에서 잠을 잤다. 처음으로 숙면의 쾌감을 느꼈다. 잠에서 깨보니 간호사들이 나지막이 코를 골고 있다. 꽤 피곤했던 모양이다.

저녁부터 집집마다 방문 진료를 시작했다. 마을회장인 오카무라 씨 집을 찾아갔더니 본인이 중상을 입고 누워 있었던 탓에 어느 집에 몇 명의 부상자가 있는지 알 수 없다고 한다.

독농가인 다카미 씨 집으로 가보니 아주머니가 "우라카미에서 피난 온 사람들이 백 명 넘게 우리 집에 있습니다."라고 한다. 아주머니는 땀을 닦아가며 부지런히 호박을 썰고 있다. 준신여학교 교장을 비롯한 수많은 부상자가 모기장 안에 누워있다. 계속해서 사람들이 죽는 바람에 집주인 아저씨는 아침 일찍 묘를 파러 나갔다고 한다. 부상자들은 이곳으로 옮겨졌을 뿐, 아무런 치료도 받지 못한 상태였다. 약도 바르지 않고 천 조각으로 묶어둔 상처는 대부분 이미 곪아 있었다. 들러

붙은 천을 벗기자마자 썩는 냄새와 함께 고름이 흘러 나온다. 황급히 상처 주변까지 크레졸로 닦아내고 상처를 살펴본다. 상처 안에 커다란 유리 조각, 장지문 문살, 콘크리트 조각 등이 박혀 있다. 수많은 환자를 봐온 우리조차도 소름이 끼쳤다. 한 사람에게 이런 상처가 열 곳, 스무 곳이나 있는 것이다. 백십 군데에 상처가 있는 부상자도 있었다. 상처를 닦아내고, 이물질을 제거하고, 꿰매고, 약을 바르고, 붕대를 감기까지 한 명의 환자에 걸리는 시간은 꽤 길었다. 열상 환자의 상태도 처참했다. 피부가 크게 벗겨져 새빨간 피하조직이 보기에도 아파 보였다. 대부분은 얼굴과 가슴과 팔에 열상을 입고 있었다. 얼굴에 열상을 입은 환자는 얼굴이 호박처럼 부어올라 말도 하기 힘들어 했다. 상처에 기름을 바른 환자도 있었는데, 이는 구호 훈련 때도 배운 응급처치였으며 경과도 좋았다. 하지만 감자를 갈아서 붙이거나, 호박이나 점토를 덮어두는 등 대부분의 민간요법은 상처를 더 악화시켜 참혹한 상태였다. 상처를 소독해서 로쿠마이이타의 광천수로 온찜질을 하게 했다. 한 집을 끝내고 밭길을 따라 옆집으로 이동하는데 모기장이 먼저 눈에 들어온다. 이 집에도 부상자가 많겠구나, 생각하며 마음을 다잡는다.

밤 10시가 돼서야 이누쓰기 지역의 방문 진료가 끝났다. 우리는 살무사에 물리지 않도록 조심하면서 산길을 걸어 후지노오 본부로 향한다. 풀숲은 완전히 이슬에 젖었고, 계곡 너머에서 귀뚜라미가 울어댄다. 북두칠성은 어느새 기울어져 미쓰야마 산 위로 전갈자리가 넓게 뻗어 있다. 어젯밤 방공호에서 올려다봤을 때는 안타레스가 불길하게 보였는데 오늘밤의 이 평안한 계곡에서 바라보니 왠지 친근한 기분이 들었다. 산길을 걷는 일행은 모두 말이 없었다. 세상을 떠난 친구 한 명한 명이 그리워진다. 살아남아 이렇게 외줄기 밭길을 걸어가는 동료들 하나하나가 애틋하다. 나는 다시 고개를 들고 한참 아래에 있는 처녀자리를 찾았다. 맑고 푸른 그 소박한 빛을 향해 아름답게 떠나간 간호사들의 명복을 빌었다.

8월 13일. 오늘도 구름 한 점 없이 더운 날씨다.

6시에 계곡으로 내려가 세수를 하고 그대로 로쿠마이이타 지역으로 간다. 이날은 로쿠마이이타, 아카미즈, 돗포미즈, 오토리제의 네 지역을 도는 8킬로미터의 여정이 기다리고 있다. 아침 식사 전에 한 지역이라도 끝내려고 일찍 나섰지만 도착해보니 예상보다 많은 부상자가 기다리고 있었다. 더구나 구호대가 왔다는 소식에 환자들이 끊임없이 몰려와 결국 10시가 다 돼서 끝났다.

독농가 마쓰시타 씨는 어느새 아침 식사를 준비해놓고 우리가 진료를 마치기를 기다리고 있었다. 생각지도 못한 대접에 우리는 놀라기도 하고 미안하기도 했다. 다다미 위에 앉아 김이 모락모락 나는 밥을 보자 저절로 눈물이 났다. 살아 있기만 하면, 살아 있기만 하면 이렇게.

마쓰시타 씨는 "힘내서 마을 사람들을 도와주셔야죠, 어서 드십시오, 아침도 못 드셨으니까 두 끼를 한번에 드신다고 생각하고 많이 드십시오." 하며 우리를 재촉했다. 우리는 진심으로 맛있게 식사를 하고 그곳을 떠났다.

아카미즈 지역의 진료를 마치고 떠나려는 순간, 엄청난 폭음이 들렸다. 바위 뒤에 숨어 가만히 웅크렸다. 다시 섬광이 번뜩이면 모든 것이 끝이다. 제발 아니길, 그 폭탄이 아니길 기도한다. 예전의 폭탄이나 기관총 사격은 조심하면 피할 수 있지만, 원자폭탄은 대책이 없다. 언제 어디서 터질지도 예측할 수 없다. 섬광이 번뜩인 순간 반경 수 킬로미터 이내의 살아 있는 모든 것은 죽음을 맞이한다. 예민해지지 않을 수가 없다. 폭음이 멀어져간다. 일행은 다시 길 위로 나왔다. 길 위로 그림자가 보이지 않도록 길에서 떨어져 일렬로 조심스레 걷는다. 우리는 모두 폭격에 집과 가족을 잃어 살 곳도 돌봐줄 가족도 없는 사람들뿐이다. 폐허에서 탈출했을 때의 모습 그대로 순회 진료를 하고 있다.

모르는 사람이 본다면 이들이 어떻게 의사이고 간호사이고 의대생이라고 생각할 수 있을까. 피로 물든 붕대를 머리에 감고 있는 자, 절뚝이며 걷는 자, 가슴을 다쳐 호흡도 제대로 못 하는 자, 방사선에 노출돼 창백한 자, 안경을 잃어버려 바로 앞도 못 보고 더듬거리는 자, 지팡이를 짚은 자, 동료의 부축을 받으며 걷는 자,

짚신을 신고 나막신을 신고 고무장화를 신은 자들. 피 묻은 통바지와 찢어진 옷을 입고 두건을 쓴 자들. 그 와 중에 철모에는 위장용 풀까지 꽂고 있다.

"처량하네……." 조로가 우울한 목소리로 중얼거 린다.

"시국이 시국이니 어쩔 수 있나……." 나가이가 한 숨을 쉰다.

완전히 패잔병 몰골이다. 그럼에도 우리는 여전히 대학의 일원이다. 진리 탐구의 일념과 환자를 구하겠다 는 의지로 작열하는 햇살과 위협적인 폭음 속을 걸어 가는 우리는 어엿한 대학의 일원이다. 진리 탐구야말 로 우리의 생명. 그 열정만 간직한다면 비참한 겉모습 은 문제도 되지 않는다. 인류사에서 최초로 원자폭탄이 터졌다. 어떤 증상을 일으킬지 아무도 모른다. 지금 우 리가 진료하는 환자의 증상이야말로 의학사에서 완전 히 새로운 자료가 된다. 이를 외면한다면 단순히 자기 태만이 아니라, 귀중한 연구를 포기하는 것이다. 과학 자로서 용서할 수 없는 일이다. 우리도 이미 원자병 징 후가 나타나기 시작해서 안정을 취하지 않으면 증상 악

화로 죽거나 중태에 빠질지도 모른다. 그럼에도 여전히 학문적 양심은 내게 환자를 진료하고 정확히 관찰하고 실태를 파악하고, 그리고 치료법을 찾아내라고 끊임없이 격려한다. 수술 장비도 없고 검사 도구도 없다. 종이도 연필도 잃어버렸다. 고작 메스와 핀셋과 봉합 바늘과 얼마 남지 않은 소독약과 붕대로 쓸 천을 대나무 바구니에 담아 들고 다닐 뿐이다. 하지만 우리에겐 두뇌가 있고, 눈이 있고, 손이 있다. 우리는 분명 무언가를 얻게 될 것이다.

"전투기가 다가온다, 엎드려!"

억새밭에 풀썩 엎드리자, 숨 막힐 듯한 열기가 풍긴다. 개미가 허둥대며 억새 잎으로 올라간다.

"멀어졌다, 출발!"

비틀비틀 일어나 다시 발걸음을 재촉한다. 태양이 정수리를 뜨겁게 내리쬔다.

"다시 나타났다! 폭탄이야! 바위 뒤로 숨어!"

"약품 조심해, 그게 전부다!"

숨고 걷기를 반복한다. 잠시 나무 밑에서 쉬다가,

시계를 보고는 다시 일어선다. 발바닥에 굳은살이 생겨 걸을 때마다 통증이 느껴진다. 자갈길이라 조심스럽게 걷다 보니 생각보다 훨씬 오랜 시간이 걸렸고, 몸도 마음도 지쳐갔다.

환자도 예상보다 다섯 배나 많았다. 환자가 없는 집이 없었다. 낯선 사람이 뛰어 들어와 그대로 쓰러지는 바람에 지금까지 돌보고 있다는 이도 있다. 대나무 숲에 거적을 깔고 누워 있는 사람도 있다. 붕대가 다 떨어졌다. 간호부장과 쓰바키야마가 무더위 속에서 8킬로미터나 떨어진 대학까지 보급을 받으러 갔다. "원자폭탄이 또 떨어지면 이번엔 영원한 이별이네요." 농담인지 진담인지 알 수 없는 인사를 하고 계곡을 내려갔지만, 저녁 무렵에는 불룩해진 바구니와 함께 건강한 모습으로 목 빠지게 기다리던 우리 앞에 나타났다. 오이시 간호사도 함께 왔다. 오이시는 오빠의 전사 통보를 받고 8월 9일에 고향으로 돌아갔지만, 학교가 공습을 받았다는 비보를 듣자마자 구조 활동을 돕기 위해 달려온 것이다. 오이시는 "하다못해 교수님 유골이라도 뵙고 싶었어요." 하며 눈물을 뚝뚝 흘렸다.

오이시가 새롭게 합류하자 진료 활동은 활기를 띠었다. 밤 10시까지 예정 지역을 전부 돌고 후지노오로 돌아가 화로에 불을 피우고 감자와 호박을 삶는다. 화로를 둘러싸고 앉아 오늘 진료한 환자의 증상을 검토한다. 심각한 방사선 중독 증상이 소화기관에서 먼저 나타난 것으로 보인다. 입 주변에 농포진이 생기고 구내염이 발생한 환자가 있었는데, 지금까지 본 적 없는 경우였다. 화로에 장작개비를 넣어가며 활발한 토론을 벌이는 동안, 어느새 감자와 호박이 맛있는 수증기를 뿜어내기 시작했다.

8월 14일. 아제벳토, 가와토코, 도비타, 오타니 지역. 9킬로미터를 걸었다. 꼬불꼬불한 길은 아니지만, 집들이 점점이 흩어져 있어서 산과 계곡을 오르내려야 했다. 단 한 집을 방문하기 위해 저 높은 산을 오르려니 망설여지기도 했지만, 저 집에 귀중한 증례가 있을 수도 있다. 나는 지팡이를 쥔 손에 힘을 주고 걸음을 내딛었다. 집에 도착하자 가족들이 기쁜 표정으로 구호대를 맞아주었다. "아아, 의사 선생님이 오셨으니 이제 살았

네." 하며, 환자는 불편한 손으로 직접 붕대를 풀기 시작한다. 치료가 끝나면 찻상이라도 내려는지 부엌에서는 도마 소리가 바쁘게 울린다.

학문을 위해, 환자를 살리기 위해, 그리고 가족이 기뻐하는 모습이 좋아서 순례하듯 마을을 돌아다녔지만, 붉은 석양으로 물들 즈음이 되자 공복과 피로와 동통으로 모두 녹초가 되었다. 두 사람씩 손을 잡은 채 말없이 황혼의 산길을 걷는다. 그때 조로가 갑자기 뿌웅 하고 방귀를 뀌었다. 간호부장이 큰소리로 웃으면서 도망간다. 쓰바키야마가 "너무해요!" 하고 눈을 흘긴다. "뭐 어때. 로켓 추진기 같잖아. 이 기세로 전진하는 거야." 조로는 태연하게 말하면서 다시 방귀를 뀌었다. 이번에는 소리가 별로 크지 않다. "과산화수소가 깨끗하지 않은데." 나가이가 놀렸다.

"제조기는 아직 괜찮은데 원료가 부족해서 그래."

조로의 응대에 일행이 한바탕 웃음을 터뜨리고 나니 발걸음이 어느새 가벼워졌다.

초저녁달이 희미하게 걸려 있다.

"날은 저무는데 갈 길은 멀고," 세이키 교수가 혼

잣말을 한다. 그때 아까부터 상태가 좋지 않았던 오른쪽 다리에 경련이 일어서, 나는 길 위로 쿵하고 엎어졌다. 일행들이 달려와 마사지를 해준다. 달은 점점 기울고 주변도 어두워졌다. 지나는 사람도 없다. 본부가 있는 후지노오까지는 아직도 3킬로미터가 남았다. 30분 정도 지나자 다행히 근육이 부드럽게 풀어졌다. 나는 하시모토 간호사의 어깨에 기대 절뚝절뚝 걸음을 옮겼다. 1킬로미터를 가자 이번에는 하시모토가 비틀거린다. 쓰바키야마와 오이시가 하시모토를 부축하고, 나는 조로에게 업혔다.

간신히 다카미 씨 집에 도착한 우리는 잠시 쉬어가기로 했다. 아주머니가 "저런, 이렇게 늦게까지." 하며 바로 저녁밥을 차려주었다. 허기질 대로 허기져서 괜찮다는 빈말조차 나오지 않았다. 밥과 호박과 감자와 우메보시를 허겁지겁 입속에 밀어넣었다.

8월 15일. 성모승천 대축일이었다. 기바 성당(현재의 미쓰야마 교회)에서는 새벽 미사가 열리고 있었지만, 전투기 폭음이 상공을 지나는 바람에 중단되었다. 시미즈 신부님은 서둘러 성체를 방공호로 옮겼다. 우리는 곧바로 이누쓰기 지역에서 진료를 시작했다. 오늘은 마침내 체력의 한계가 온 느낌이다. 어쩌면 우리가 가장 위급한 환자가 아닐까. 환자들은 편하게 얘기하는데 우리는 대답하는 것조차 버거울 정도이다. 죽음으로 향하는 사람들이 이어진다. 오늘 즈음이 부상자들의 고비인 듯하다. 전쟁 중이다, 힘내자고 서로를 격려하며 바쁘게 움직인다.

아침 일찍 대학 본부에 식량보급을 나갔던 조로가 생각보다 일찍 허둥지둥 달려왔다. 쌀과 미소와 통조림을 보고 반색하던 우리는 조로의 입에서 나온 말에 모두 충격을 받았다.

"전쟁이 끝난 거 같아요."

"그럼 조건은?"

"무조건 항복, 포츠담선언 전면 수락."

그 말에 모두 침묵했다.

"설마." 나도 모르게 중얼거렸다.

"시내는 지금 완전히 혼란 상태입니다. 누구는 거짓말이라는 하고 누구는 사실이라면서 난리예요. 정오에 중대 방송이 있었어요. 지직거려서 정확하게 듣진 못했는데, '짐은……'이라든지 '짐이'라는 말이 중간중간 들렸고요. 사람들도 저도 폐하의 목소리라고 생각했는데, 헌병대가 트럭을 타고 시내를 돌면서 '정오의 방송은 적군이 조작한 거짓 선전이니 믿지 말라, 끝까지 본토 결전이다'라고 외치고 다니니 영문을 알 수가 없습니다. 전쟁이 끝난다는 말을 했다가 옆에 있던 청년에게 얻어맞은 사람도 많다고 해요."

모두 우울한 기분으로 말없이 치료를 시작한다.

사실일까, 아니 거짓말이겠지. 거짓 선전이 분명해. 아니, 어쩌면 사실일지도 몰라. 머릿속이 혼란스러웠다. 치료를 끝내고 손을 씻은 시각은 오늘도 10시. 조로가 가져온 통조림으로 간단하게 저녁을 먹는다. 배는 고픈데 맛은 없었다.

8월 16일, 원자폭탄이 떨어졌다. 조그마한 우라늄 시한폭탄이었다. 폭탄에서 째깍째깍 초침 소리가 들린다. 앞으로 5분 후면 폭발할 것이다. 더구나 여기에 폭탄이 떨어져 있다는 사실을 아무도 모른다. 나는 초조했다. 이 폭탄을 망가뜨려야만 한다. 다행히 손에 죽창을 들고 있었다. 나는 죽창을 힘껏 들어 올려 폭탄에 내리꽂았다. 하지만 죽창은 맥없이 부러진다. 옆에 죽창이 잔뜩 쌓여 있다. 다시 죽창을 들어 내리꽂았지만 원자폭탄은 끄떡없었고 죽창만 부러진다. 더욱 초조해진 나는 이얏, 이얏 하고 기합을 넣으며 폭탄을 찔러댄다. 숨이 가빠지고 땀이 솟아났다. 폭탄은 당장이라도 터질 듯하다. 나는 공포의 나락으로 떨어졌다. 쿠궁 쿠궁 하고 폭음이 들렸다. 섬광이 번뜩였다. 얼굴로 광선이 쏟아진다. 나는 "끝이다!" 하고 소리쳤다.

"교수님, 나가이 교수님! 무슨 일이세요?"

눈을 뜨자 간호부장의 얼굴이 바로 앞에 있었다. 하시모토가 방금 덧문을 연 탓에 아침 햇살이 내 얼굴로 쏟아지고 있다.

"이런, 열이 많아요." 간호부장이 내 이마에 손을 대보고는 수건으로 땀을 닦아주었다. 나는 일어나려고 했지만, 현기증과 오른쪽 다리의 통증으로 움직일 수 없었다. 간호부장이 다리를 살펴보더니 "아이고, 상처가 전부 곪았어요. 이렇게 될 때까지 왜 말씀을 안 하셨어요!" 하고 나무란다. "전시상황이잖아." 나도 나름 항변해보지만, 오늘은 일어나지도 못할 듯하다. 동료들은 내 상처를 치료하고 주사를 놔준 후 가와히라 마을 쪽으로 진료를 나갔다. 쓰바키야마는 정확한 정보를 얻기 위해 시내로 내려갔다. 나는 혼자 끙끙거리다가 잠이 든다.

"교수님!"

쓰바키야마 간호사가 돌아왔다. 어두운 표정으로 신문지 한 장을 내게 내민다. 신문지를 받다가 얼핏 한 문장을 보고 말았다. 보아서는 안 되는 문장, 최근 몇 년 동안 이 문장을 보는 일이 없기를 바라고 또 바랐던 그 문장을!

"종전을 결단하다"

일본의 패배다.

나는 어린애처럼 소리 내어 울었다. 눈물이 흘러나와 귀로 들어간다. 울고 또 울다가 눈물도 말라버렸지만 흐느낌은 멈추지 않는다. 쓰바키야마도 바닥에 엎드린 채 어깨를 들썩이며 울고 있다. 이른 저녁, 순회 진료를 나갔던 동료들이 돌아왔다. 동료들의 얼굴을 보자 나는 다시 울음이 터졌다. 우리는 서로의 손을 부여잡고 함께 울었다. 석양이 지고 달이 뜨도록 하염없이 울었다. 밥도 짓지 않고, 차도 끓이지 않고, 아무 생각도 하지 않고, 아무 말도 하지 않고 그렇게 하염없이 울기만 했다. 울다 지친 우리는 육체의 고단함을 이기지 못하고 그대로 잠 속에 빠져들었다.

8월 17일.

나라는 무너져도 산천은 여전하다.

장지문을 열고 산을 바라본다. 미쓰야마 산은 아무 일 없다는 듯 태연하기만 하다. 하얀 구름이 자신을 스치든 말든 신경 쓰지 않는다. 영고성쇠도 한 조각 구름일 뿐일까. 신이 일본을 지켜주리라는 신념은 한순간에 무너지고, 맑은 여름 하늘에는 미국 전투기가 제집처럼 종횡무진할 뿐이다. 그루먼이 지나가고 록히드가 날아온다. 전투기들은 저공비행을 하며 관광이라도 하듯 여유롭게 날아다닌다. B29의 거대한 덩치가 미쓰야마 산에 닿을 듯 말 듯 아슬아슬하게 넘어갔다.

이제 전쟁은 끝났다. 우리는 패배했다. 오늘은 아무것도 하지 않고 빈둥거리기로 한다. 아침 식사를 끝내고 각자 널브러져서 구름을 보고, 숲을 보고, 비행기를 보고 있었다. 아무런 의욕도 없었다. 찻잔도 그릇도 그대로 화로 옆에 밀어둔다.

환자를 봐달라고 찾아온 사람이 있었다. 나라도 망한 마당에 환자가 무슨 대수라고. 오늘은 일억만 명의 국민이 울고 있다. 한두 사람의 목숨 따위가 무슨 문제가 되겠는가. 환자 몇 명 살린다고 일본이 다시 일어서는 것도 아니다. 못하겠다고 매정하게 거절해버린다. 오늘은 모두 화가 치민 상태라서 살짝만 건드려도 폭발할 기세다.

심부름 온 사람도 힘없이 "아, 그렇습니까." 하고는 풀 죽어 돌아갔다. 나는 누운 채로, 양파밭 사이로 멀어져가는 그 애처로운 뒷모습을 가만히 바라보고 있었다.

나는 결국 자리에서 일어났고, 하시모토 간호사에게 그 사람을 다시 데려오라고 부탁했다. 심기일전했다. 한 사람의 소중한 생명이야말로 반드시 지켜야 하는 것이다. 국가는 패배했다. 하지만 환자는 살아 있다. 전쟁은 끝났다. 하지만 의료구호대의 임무는 남아 있다. 일본은 망했다. 하지만 의학은 건재하다. 우리의 임무는 지금부터가 아닌가. 국가의 흥망과는 관계없는 개인의 생사야말로 우리의 진짜 임무다. 본래 적십자에는 아군과 적군의 구별이 없다. 일본이 개인의 생명을 너무 함부로 다룬 탓에 이런 비참한 꼴에 처한 것은 아닐까. 생명 존중의 초석은 다름 아닌 바로 이곳에 있다.

분명 이기기 위해 당한 부상인데 결국은 지기 위해 부상을 당한 꼴이 되어버린 사람들이야말로 가장 잔혹한 비탄의 늪에 던져진 것이다. 이들을 위로하고 구해줄 사람은 우리밖에 없다. 일어서지 않으면 안 된다고 중얼거리며 비틀비틀 일어났다. 그러자 너도나도 일어선다. 우리는 다시 활기를 되찾았고, 얼굴에 긴장감이 감돌기 시작한다. 전쟁 중이니 무조건 헌신하라는 강요로 움직이는 것이 아니다. 지금 사람의 생명을 구할 자는 우리밖에 없다며, 자진해서 나선 것이다. 물론 몸은 지칠 대로 지쳤고, 한 걸음 뗄 때마다 상처의 통증이 전해진다.

파란 별마크가 선명한 전투기가 머리 위를 스친

다. 하지만 오늘은 아무 일도 일어나지 않을 것이다. 우리는 당당하게 길을 걸었지만, 미군기가 지나갈 때마다 일종의 무력감을 느꼈다.

8월 18일에는 연합군이 상륙했다. 부녀자는 숨어 있어야 한다는 헛소문이 떠돌았고, 가재도구를 짊어진 남자가 허둥지둥 달려간다. 슬프기도 하고 우스꽝스럽기도 한 모습이었다. 항복 선언 후 몇 주 동안은 온통 혼란스럽고 어수선했다. 하지만 우리에게는 지켜야 할 가족도, 빼앗길 재산도 없었다. 가진 거라고는 치료해야 할 수많은 부상자뿐. 덕분에 우리는 오로지 순회 진료에만 전념할 수 있었다.

동해에 떠오른 아침 햇살을 받으며 구름 위로 우뚝 솟은 후지산. 그 후지산으로 상징되었던 일본은 멸망했고 끝을 알 수 없는 나락으로 떨어졌다. 살아 있는 우리에게 남은 건 수치심뿐이다. 원자폭탄으로 세상을 떠난 동료들이 차라리 낫지 않았을까. 우리의 내적 고뇌는 깊었다. 달빛이 환한 날에는 숲으로 나가고, 애기동백나무에 빗방울이 떨어지는 밤에는 화로를 에워싼 채 밤마다 이야기를 나눴다. 우리가 가야 할 길에 대해, 나지막하게 이야기를 나눌 때도 있었고 격렬하게 언쟁을 벌일 때도 있었다. 하지만 낮에는 속세의 혼란에 초연한 채 여전히 한 사람의 생명을 구하는 데만 전념했다.

그 무렵부터 무시무시한 원자병이 잇따라 나타났다. 부상자뿐만 아니라 건강했던 피난민, 그리고 우리에게서도 원자병이 발현했다. 증상 중 일부는 예전에 방사선 실험을 통해 예상했던 부분이어서 오히려 우리의 예측이 적중했음을 자랑하고 싶기까지 했다. 하지만 어떤 증상은 예상 외의 시기에 갑자기 다발적으로 나타나서 우리를 곤혹스럽게 했다. 우리가 10월 8일까지 두 달 동안이나 미쓰야마에 머물면서 구호 활동을 이어갔던 이유가 그것이었다.

구호대원이 연이어 병상에 쓰러졌다. 원자병과 과로와 영양부족은 우리의 체력을 극도로 소모했다. 시 교수의 백혈구 수치는 절반으로 감소했고, 모리우치는 출혈이 발생했다. 간호부장은 머리카락이 빠졌다.

아픈 동료들은 본부에 남겨두고 방문 진료를 나갔다. 진료를 마치고 돌아온 구호대원들은 밤을 새워 아픈 동료를 간호하고, 날이 밝으면 다시 무더위 속에서 하루 평균 8킬로미터의 거리를 이동해가며 진료를 했다. 병상에 누웠던 사람이 간신히 회복해서 일어날 즈음이면 그를 간호해주던 동료가 쓰러졌다. 간호를 해주던 사람이 간호를 받고 주사를 놓아주던 사람이 주사를 맞는다. 동료가 목이 마르다고 하면 멀리 계곡까지 가서 석간수를 길어다 주고, 입맛이 없다고 하면 환자 집에서 내준 배 두 개를 주머니에 넣어 돌아온다. 주사약을 구하기 위해 왕복 8킬로미터의 산길을 걸어 나가사키 시내까지 나가기도 했다.

9월 20일. 내 상태가 절망적일 만큼 위독해졌다. 원자병 발현으로 일주일 동안 고열을 앓던 중에 도비타라는 산꼭대기 촌락에서 왕진을 요청해왔다. 지금의 몸상태로 그곳에 가는 건 자살행위였지만, 생명을 살리다가 죽는다면 그야말로 진정한 희생이 아니겠나 싶은 생각에 길을 나섰다.

하지만 다리가 말을 듣지 않았고 결국 도중에 있는 가와토코 마을의 준신 수도회 방공호에서 쉬어야 했다.

그렇게 무리하면 어떡하느냐는 수도원장님의 꾸지람을 뒤로하고, 간신히 왕진을 마치고 밤늦게 집에 도착하자마자 바닥에 쓰러졌다. 그 뒤로 병세가 급속도로 나빠졌던 것이다.

혼수상태에서 힘겹게 깨어나 보니 호흡이 이상했다. 스스로 호흡 소리를 들어보니, 바로 체인 스토크스(Cheyne-Stokes) 호흡이 아닌가. 임종 수 시간 전부터 시작되는 이상 호흡. 나는 "체인 스토크스군." 하고 말했다. 머리맡에는 언제 왔는지 도미타 교수가 앉아 있었다. 도미타 교수는 원래 연구 중에 강의실에서 소집되었는데, 어떻게 이곳까지 왔을까. 교수는 난처한 얼굴로 "글쎄요."라고 대답한다. 나는 "먼 곳까지 오시게 해서 죄송합니다." 하며 손을 내밀었다. 옆에 있던 모리타 간호부장이 "교수님, 괜찮으니까 움직이지 마세요." 하고 확신에 찬 어조로 말하고 팔에 주사를 놓았다. 통증의 느낌을 보니 콜라민(호흡 마비나 질병 말기 등에 사용하는 소생제)인 듯하다. 그렇다면 맥박도 약하다는 뜻이다. 문득 불안감이 엄습한다. 하지만 간호부장이 괜찮다고 했으니 괜찮겠지. 고개도 움직이지 못하고 눈도 뜰 수 없었지

만, 여러 사람이 모여 소곤소곤 이야기를 나누고 수런
거리는 분위기가 느껴진다.

"시 교수님은?" 나는 왠지 의기소침해져 시 교수를
찾았다.

"지금 잠깐 외출하셨어요. 금방 돌아오실 겁니다."
간호부장이 대답했다.

나는 "그래?" 하고 되묻고는 그대로 다시 혼수상태
에 빠졌다. 그 시각 시 교수는 나를 살리겠다는 일념으
로 아침부터 밤까지 곳곳을 헤매고 있었다고 한다. 고
야노 교수를 찾아가 자문하고, 시라베 교수를 수소문해
찾아다니고, 가게우라 교수에게 의견을 구하는 등 얻을
수 있는 온갖 지혜와 약품을 그러모으려 백방으로 노력
하고 있었다. 내 증상에 대해 들은 교수들은 모두 절망
적이라고 대답했다고 한다. 내가 혼수상태에 빠져 아무
것도 모르는 동안 동료들은 내 한목숨을 살리고자 크나
큰 헌신을 해주었다.

오후가 되어 다시 정신이 들었을 때는 다카와 신부
님이 와 계셨다. 나는 최후를 각오했다. 실제로 내 상태
는 언제 죽어도 이상하지 않았다. 동료들은 모두 내 머

리맡에 있었다. 그들을 보자 울컥 반가운 마음이 일었다. 다시 경련이 일어나면 정말 끝이다. 심장은 이미 힘겹게 뛰고 있다. 열린 장지문 너머로 삼위일체를 상징하는 미쓰야마 산이 무심하게 솟아 있다. 하늘은 이미 초가을답게 맑고 푸르렀다.

"빛나는 태양 속에서 가을 구름은 드높이 사라지네."

나는 이 말만 남기고 그대로 마지막 혼수상태에 빠졌다.

그리고 일주일 후, 내가 고비를 넘기고 깨어났을 때 모두 기적이라고 말했다.

우리의 동료애는 얼마나 깊은 것일까. 밤이면 석유등에 불을 켜고 벌레 우는 소리를 들으며 먼저 떠난 동료들의 명복을 빌었다. 다카미 씨가 감을 주면 이노우에의 동글동글한 눈이 떠오르고, 하라다 씨가 찹쌀떡을 가져오면 하마 간호사가 생각난다. 또 바구니 장사 아주머니가 꽈리를 영전에 올리면 야마시타의 빨간 코가 떠오르고, 마쓰시타 씨에게 감자를 얻어오면 오야나기와 요시다 간호사가 그때 밭에 가는 걸 말렸다면 하고 회한한다. 후지모토, 가타오카, 오자사가 우리와 함께 이렇게 밥을 먹고 있다면 얼마나 좋을까 생각하다가 결국 눈물을 흘리고 만다.

병상의 나가이 다카시 박사와 그의 아들 마코토, 딸 가야노.
나가이 박사는 병상에서도 문학적 호소력이 짙은 평화 관련 책을
잇따라 집필했다.

9

원자병

원자핵이 분열할 때 발생하는 방사선이 생명체에 미치는 영향에 대해서는 과거에 이미 각종 동물실험과 임상실험을 통해 많은 부분을 밝혀냈다. 단기간에 대량의 방사선에 노출되었을 때와 오랜 시간 지속적으로 소량의 방사선에 노출되었을 때의 반응은 다르지만, 여하튼 방사선은 생체조직 세포를 파괴하며, 그 결과 생체조직은 퇴행변성을 일으킨다. 하지만 변화가 곧바로 나타나는 것은 아니며, 각각의 장기기관에 따라 잠복 기간이 다르다. 그래서 방사선에 노출될 당시에는 아무런 통증이나 상처가 없어도 이후에 증상이 나타난다. 더구나 방사선이 체내에 들어올 때는 신경을 자극하지 않기 때문에 본인은 노출 사실 자체를 깨닫지 못하다가 증상이 나타나고 나서야 비로소 알게 된다. 방사선의 영향을 크게 받지 않는 신체 기관과 민감하게 반응하는 신체 기관이 있다. 방사선에 가장 약한 부분은 골수, 림프샘, 생식샘이다.

골수는 혈구를 제조하는 기관이기 때문에 이곳이 방사선에 노출되면 혈구를 생성하지 못하게 되어 백혈구와 적혈구가 감소한다. 노출 정도가 심할 경우 골수가 변성해서 미완성의 혈구를 혈액 속으로 보내게 되는데, 그 결과 이상 백혈구가 증가해 백혈병이 되는 것이다. 소량의 방사선에 지속적으로 노출된 경우 특히 백혈병이 발병하기 쉽다. 림프샘에서 특히 취약한 부분은 편도선인데, 이 부분에 괴사가 진행되는 경우가 많다. 생식샘에 장애가 일어나면 성욕 상실, 정자 수 감소, 무월경, 불임 등이 나타난다. 또한 유산이나 기형아 발생 가능성도 있으며 유방도 작아진다.

다음으로 취약한 부분은 점막인데 충혈과 염증 증상을 보이며 심할 경우 궤양을 일으킨다. 예컨대 소화기 점막이 방사선에 노출되면 구내염, 위염, 장염이 발생하며, 피가 섞인 설사를 한다.

그리고 모근에도 손상을 입혀 탈모가 생기는데 이 증상은 회복될 수 있다. 폐에서는 폐렴을 일으키고, 신장이 위축되기도 한다. 부신이 방사선에 노출되면 피부가 거무스름해진다. 전신 증상으로는 방사선 노출 후 몇 시간 만에 발생하는 방사선 숙취가 있으며 이는 며칠 동안 이어진다. 똑같은 방사선에 노출되어도 젊은 사람이 훨씬 타격이 크다. 젊은 사람은 죽어도 노인은 살아남는 경우가 있다.

방사선에는 일정의 치사량이 있다. 하지만 방사선 피해가 발현될 때는 세포마다 일정의 잠복기가 있어서 즉사하지는 않는다. 치사량 이상으로 방사선에 노출된 사람은 어떤 치료를 해도 살릴 수 없다. 노출량이 많을수록 증상은 격렬하며 일찍 사망한다.

원자폭탄으로 인한 원자병이 보인 증상은 대체로 위에서 설명한 과거의 방사선 의학 지식과 일치했다. 원자폭탄에서 발생한 방사선은 폭발 순간에 대량으로 방출된 중성자와 감마선, 그 후 오랫동안 폭발 중심지에서 바람을 따라 내려온 방사성 물질, 즉 동쪽 지역에 잔류한 방사능이다. 그 중 가장 강력하게 반응하는 것은 중성자이지만, 더 까다로운 문제는 잔류 방사능이다. 잔류 방사능은 보기에는 미약해 보이지만 75년 동안 사라지지 않아 피폭 지대를 생존이 불가능한 땅으로 만든다는 주장도 있다. 사람들이 자신의 발병 원인을 폭탄 가스나 바람의 흡입이라고 생각하는데, 이는 독성물질이 호흡기를 통해서만 들어온다는 착각 때문이다. 방사선은 신체의 어떤 부위로도 자유롭게 들어올 수 있다.

발현 시기에 따라 원자병의 증상을 정리해보면 다음과 같다.

먼저 피폭 후 3시간 정도 지나면 숙취가 느껴지고 24시간 후에 최고조에 이르며 그 이후 점차 증상이 완화되었다. 3일 후부터 소화기 장애가 나타났고 대부분은 일주일 정도에 사망했다. 증상이 가벼운 사람은 설사가 오랫동안 이어졌다. 2주 째에는 혈액 장애로 인한 출혈 환자가 나타났고 대부분 사망했다. 4주 째에는 백혈구 감소에 따른 위독 증상이 나타났으며, 역시 대부분이 사망했다. 탈모는 3주 무렵부터 나타났다. 생식샘 이상 증상은 초기부터 10주 이상 이어졌다. 소아의 경우 성인보다 일찍 증상이 발현됐고 강도도 심했다. 그리고 현재까지도 여전히 폭발 중심지에는 소량의 방사능이 남아 있어 주민들의 백혈구 수치가 증가하고 있다.

　중요한 소견만을 정리해본다.

　숙취에 대해서는 앞서 '원자폭탄이 남긴 상처'에서 설명했다. 소화기 장애는 동물실험의 결과와 완전히 일치해서, 점막 출혈 및 궤양성 염증이 발생했다. 폭발지 반경 1킬로미터 이내에서 붕괴가옥에 매몰됐다가 구조된 사람들은 3일째에 입술 주위에 콩알만 한 농포진이 생겼고 다음 날에 구내염이 발생했으며 통증으로 인해 음식물 섭취가 어려웠고 열이 있었다. 다시 다음 날에는 식욕부진, 복통, 설사 등의 위염 증상이 나타났다. 설사의 경우 처음에는 묽은 변을 보다가 점차 점액이 섞이고 이후 점혈변을 보았다. 이급후중(대장암 증상의 하나.

배변 후에도 남는 불쾌한 증상)이 나타나고 체온이 40°C 이상 으로 오르면서 이질로 오진되기도 했다. 전신 무력증이 현저해지면서 일주일 또는 열흘 만에 사망했다. 증상이 가벼운 환자는 설사, 식욕부진만을 호소했다. 잔류 방사능의 영향도 있어서 피폭 후 열흘 정도는 우라카미를 지나간 것만으로 설사를 일으켰다는 이야기까지 있었다.

2주째에 출혈로 인한 사망 환자가 소수 관찰되었다. 갑자기 코피를 흘리고 피를 토하고 하혈을 했고, 상처 부위에 다시 출혈이 발생하며 사망했다. 이는 순환 혈액 속 혈소판이 파괴되어 출혈 소인을 발생시킨 것으로 보인다. 토끼를 대상으로 한 실험에서 이런 결과가 나왔다.

선선한 아침 기운이 느껴지는 9월에 들어서자, 패전 후의 혼란도 저절로 진정되었다. 살아남은 환자들도 대체로 회복세에 접어든 것 같아 마음을 놓고 있었다. 그런데 9월 5일, 그러니까 피폭 후 4주째에 들어서자 갑자기 심각한 백혈구 이상 증상이 나타나고 사망자가 속출하면서 우리를 공포로 몰아넣었다. 대부분 폭발 반경 1킬로미터 이내에 있었던 사람들로, 집이나 건물 안에 있어서 찰과상 하나 없이 가벼운 설사 증상만 있었다. 환자들을 간호하고 잔해 정리를 도맡아 할 정도로 건강했던 사람들이 전신권태와 피부가 창백해지는 전조 증상을 보이더니 체온이 40℃ 이상으로 상승했다. 고열이 이어지고 구내염과 치근궤양이 생겼으며, 이후 괴사가 진행되면서 인두에 위막이 생기고, 궤양성 편도선염을 일으켜 음식 섭취가 불가능해졌다. 피부에 검붉은 반상출혈이 점점이 보인다. 반상출혈은 처음에는 몸체와 위팔에 나타나더니 이후 허벅지에 중점적으로 번졌다. 크기는 작은 점만 한 것부터 쌀알이나 팥알 정도였으며 때로는 손가락 한 마디 크기로 커지는 것도 있었다. 동통이나 가려움은 동반되지 않는다. 백혈구 수치는 현저하게 감소했고, 수치가 2천 이하까지 내려간 사람은 거의 살아나지 못했다. 증상 발현부터 평균 9일 만에 사망할 정도로 증상이 빠르게 진행되었다.

특이한 것은 간접 영향이다. 폭발 반경 2킬로미터에서 7킬로미터 내에서 방사선에 노출된 초목은 빨갛게 타버렸고, 폭발 이후 검고 굵은 빗방울이 닿은 풀은 말라버렸다. 폭격 다음 날, 가와히라 마을에서 농부 두 사람이 말라버린 억새를 베어 집으로 가져갔는데, 그다음 날 풀에 닿았던 양쪽 팔다리와 어깨에 가려움을 동반한 붉은 발진이 생겼다. 발진은 접촉성 피부염과 유사했고 며칠 후 나았다.

폭발 중심지의 잔류 방사능은 인체에 어떤 영향을 미칠까. 원자폭탄이 터질 당시 우라카미를 떠나 있어서 부상도 없고 섬광에 노출된 적도 없는 사람이 폭심지에 거주하면 어떤 증상을 보일까. 이를 확인하기 위해서는 직접 가보는 수밖에 없다.

10월에 미쓰야마 구호대가 해산된 뒤, 나는 폭심지인 우에노마치로 가서 움막을 짓고 그 안에서 생활하기 시작했다. 그곳에서의 생활은 1년이 지난 지금까지 이어지고 있다.

폭격 직후에는 폭심지에서 방사능이 뚜렷하게 나타났다. 방사능의 원인이 된 것은 원자 분열로 생긴 새로운 원자다. 처음에는 구름을 이루며 하늘에 떠 있다가 점점 지상으로 내려왔다. 이는 눈에는 보이지 않는 미세 먼지다. 우라늄이 분열할 때 방사성 바륨과 스트론튬이 생긴다. 또한 원자폭탄이 폭발할 때 발생한 강력한 방사선이 지상에 있던 물체의 원자를 붕괴시키면서 일시적으로 방사성 물질이 생겼을 수도 있다. 이 방사성 물질은 원자가 안정을 회복하면서 점차 사라진다. 물에 씻겨나가기도 하면서 폭심지의 방사선량은 점차 감소했다. 하지만 1년 후인 지금까지도 여전히 소량의 방사선이 방출되고 있다.

당연히 인체에 미친 영향도 초기일수록 극심했다. 이곳 우에노마치는 폭발 지점에서 6백 미터밖에 떨어지지 않은 곳이다. 피폭 당시 마을에 있던 주민들은 방공호 깊숙이 있던 어린아이 한 명을 제외하고는 전부 사망했고, 마을은 잿더미로 덮인 폐허가 되어 있었다. 이곳에서 피폭 직후 3주일 이내에 거주를 시작한 사람들은 심한 숙취 증상이 한 달 이상 이어졌고, 심한 설사로 고생했다. 특히 불타버린 집을 정리하기 위해 재를 퍼내고 기왓조각을 옮기거나 시신을 수습했던 사람들의 증상은 극심했다. 대량의 라듐에 노출된 환자가 보인 증상과 유사했다. 대량의 방사선에 지속적으로 노출된 결과가 분명했다.

한 달 이후부터 거주를 시작한 사람들의 증상은 비교적 가벼웠지만, 마찬가지로 숙취와 소화 장애가 나타났다. 모기나 벼룩에 물린 작은 상처도 쉽게 곪았고, 가벼운 백혈구 감소가 나타났다.

3개월 후부터는 이미 뚜렷한 장애는 나타나지 않았고, 주민들은 다시 집을 짓고 거주하기 시작했다. 주민의 대부분은 군대에서 돌아온 사람이거나 피난민이었다. 그런데 주민들의 백혈구 수치를 조사해보니 거주한 지 한 달이 지나면 정상수치의 2배가 될 정도의 이상 증가가 나타났다. 이는 미량의 방사선에 장기간 노출되었을 때 나타나는 증상이다. 결국 이 지역에는 극소량의 방사선이 잔류하고 있다는 의미이며, 폭격 당시 미국이 경고했던 내용과 일치했다. 하지만 방사능의 감소 속도는 상당히 빨라서 그리 오래지 않아 사라질 것으로 보이며, 75년 정도까지 불모지가 된다는 이야기는 거짓인 듯하다. 그리고 백혈구 수치가 증가한 주민들의 건강 상태는 현재 아주 양호하다. 오랜 시간 이곳에 있었지만, 기생충 질환을 제외하고는 특별한 환자는 발생하지 않았다. 겨울에는 눈이 들어와 쌓이고 고드름이 열리는 추운 움막에서 배급용 얇은 담요를 뒤집어쓰고 잤지만, 폐렴은커녕 감기도 걸리지 않았고 최근에는 상처가 생겨도 곪지 않는다. 마치 광물 온천에 사는 주민 같다. 생식샘 이상은 어떤지 궁금했다. 임신율은 다소 감소한 듯 보이지만, 여전히 임산부도 있고 유산이나 기형아 소식은 들리지 않는다. 이후의 상황은 함부로 단정할 수 없지만, 나는 상당히 낙관적으로 보았다. 만나는 사람마다 돌아와서 다시 집을 지으라고 권유하고 있다.

우리가 가장 걱정하는 부분은 열상 흉터였다. 이 열상은 단순히 열기로 인한 상처가 아니라 중성자와 감마선에 동시에 노출되었기 때문에 일반적인 화상과는 현저히 다르다. 일반적인 화상이라도 체질에 따라 켈로이드(피부의 결합조직이 비정상적으로 증식하여 피부 일부가 튀어나오는 질환)가 생길 수 있는데, 원자폭탄에 의한 열상 상처에는 거의 전부 켈로이드가 생겼다. 나가사키 시내를 걷다 보면 얼굴이나 손 등에 맨들맨들한 분홍색 피부가 불룩하게 솟아 있는 모습을 볼 수 있을 것이다. 방사선에 노출된 피부에 켈로이드가 형성되면 가려움을 느껴 자꾸 긁게 된다. 문제는 그 흉터가 몇 년 후에는 궤양이 되고 언젠가는 암이 된다는 사실이다. 라듐이나 엑스선 실험에서 일어났던 일이다. 원자폭탄의 화상 흉터에서 암이 발생할지 아닐지, 이는 앞으로 남겨진 중대한 문제다. 화상 흉터가 있는 경우 아무리 가려워도 긁어서는 안 되며, 목욕 후에는 수건으로 상처 부위를 문지르지 않도록 주의해야 한다. 그리고 무턱대고 아무 연고나 바르는 것도 위험하다.

10

원자병의 치료

방사능 숙취에는 비타민B와 포도당 주사의 효과가 좋다.

화상에는 광천요법의 효과가 탁월했다. 우리는 환자를 두 집단으로 나눠서 한쪽에는 광천요법을, 다른 한쪽에는 약물요법을 실시하고 경과를 관찰했다. 광천요법의 경우 치료 기간은 평균 24일이었고, 약물요법은 38일이었다. 즉, 로쿠마이이타 지역의 광천수로 온천을 한 환자는 그렇지 않은 경우보다 치료 기간이 평균 2주 정도 짧았다. 이 광천욕은 외상에도 효과가 있었고, 나도 이 온천의 혜택을 받았다. 광천수야말로 자연이 준

명약이었다.

우리가 원자병 환자에게 처음으로 시도한 치료법 중에 자가혈액요법이 있다. 이 치료법에 대한 소문은 빠르게 퍼졌고, 여러 의사가 추가로 실험을 했다. 우리는 특별한 효력이 있다고 생각하지만, 이 요법을 시도해본 의사들의 의견은 각기 달랐다. 결국 효과가 있는지 아닌지는 확인되지 않았지만, 적어도 환자 본인은 확실히 좋아졌다고 말했다. 물론 이 치료법은 다른 질환에 대해서는 이미 효과가 입증된 방법이지만, 원자병에 대해서는 9월 10일에 시 교수가 처음으로 시도했다. 9월 초에 반상출혈, 고열, 치근 괴사, 인두궤양 등의 증상을 보인 위독 환자가 다수 발생하자, 우리는 패혈증이나 새로운 급성 전염병을 의심하고 대증요법을 시행하면서 경과를 관찰했다. 그리고 제 증상이 혈액질환의 하나인 과립세포 결핍증과 유사하다는 사실을 깨달았다. 그제야 비로소 골수의 방사선 노출로 인한 백혈구 감소의 결과라는 사실을 알 수 있었다.

환자는 계속해서 죽어갔다. 시 교수를 비롯한 의료진들은 잠도 자지 않고 환자를 간호하면서, 어떻게든 치료법을 찾으려고 있는 지식을 총동원했다. 그리고 자가혈액요법이 이론적으로 효과가 있다는 결론에 이르자 곧바로 시행에 들어갔다. 환자의 혈액을 추출해서 그대로 본인의 엉덩이 근육에 주사하는 방법이다. 결과는 만족스러웠다. 빈사 상태였던 환자들이 모두 살아났다. 이 치료법을 시작한 이후 단 한 명의 사망자도 발생하지 않았다.

환자의 식단은 가축의 간과 채소로 구성했다. 가축의 간을 날것 상태 혹은 살짝 구워서 섭취하도록 했고 신선한 채소도 되도록 많이 섭취하게 했는데, 이 식단은 상당히 효과가 있었다. 그리고 술도 좋은 약이었다. 위독했던 환자가 마지막이라는 생각에 좋아하는 술을 실컷 마시고 회복된 사례도 있었다.

무엇보다 자택 요양이 가장 좋은 영향을 미쳤다. 혼란스러운 구호소에 모여 불편한 하루를 보내는 것보다 편안한 자택에서 가족의 따뜻한 돌봄을 받는 편이 환자의 안정에 큰 도움이 된다. 하지만 우리 구호대는 매일 방문 진료를 해야 할 형편이어서 큰 부담이었다.

수당 한 푼 받지 못하고 고생한 간호사들에게 신발이라
도 사주고 싶은 심정이었다.

1945년 8월 피폭 직후의 나가사키의과대학

11

움막에 찾아온 손님

대학은 재건을 결정했고, 임시로 신코젠 초등학교를 빌려 그곳에서 진료와 연구를 시작했다. 몇 안 되는 생존자들이 모였다. 우리도 미쓰야마 계곡에서 내려와 대학으로 돌아갔다. 11월 2일에는 대학에서 먼저 떠난 동료 807명의 위령제를 지내며 그들의 명복을 빌었다.

　나는 폭심지 근처 우에노마치에서 한 평 남짓한 함석 가옥*을 얻어 살게 되었다. 남아 있던 뒤쪽 돌담을

---

*　나가이 다카시는 이 함석 가옥에서 반년 정도 살았다. 이후 그는 1948년 3월부터 이웃과 가톨릭 교회의 도움으로 지어진 '여기당(如己堂, 이웃을 자기 자신처럼 사랑하라는 뜻)'에서 지내며 집필에 몰두했다.

벽 삼아 지은 임시 건물이라 비가 오는 날이면 집 안은 엉망진창이 되었다. 대학 동료들은 올 때마다 집이 아니라 무슨 상자갑 같다고 한다. 그런 상자갑에는 손님이 끊이지 않았다. 신부님이 찾아주신 날도 있고, 거지가 집 안을 엿보고 간 날도 있었다. 미국 종군 사제가 왔다가 "이곳은 당신의 사당입니까?" 하고 물은 적도 있었다. 다른 대학의 교수가 방문해 있는 와중에 "군부에서 전쟁 피해자에게 보내는 구호품"이라며 낡은 신발을 주고 가기도 했다.

야마모토와 하마사토가 전쟁터에서 귀환했다. 두 사람은 내 앞에 말없이 앉아 있다. 입을 열면 눈물이 쏟아질 듯했다.

"교수님, 너무 원통합니다."

"애쓰셨습니다."

"저희는 분해서 참을 수가 없습니다. 어떡해서든 복수해야 합니다. 이를 악물고 버텨서 반드시 승리해 보이겠습니다."

"그대들은 원통합니까?"

"네. 원통합니다."

"원통하다거나 분하다는 표현은 이길 수 있는 전쟁에 졌을 때, 그리고 아직 전력이 남았을 때 쓰는 말이 아닐까요."

"그렇습니다. 일본은 패배할 정도로 약하지 않았습니다. 아직 충분한 전력이 남아 있습니다."

"그건 말이 안 됩니다. 일본은 무조건 항복을 하지 않았습니까? 모든 전력을 잃었다고 인정하고 적에게 항복한 것 아닙니까."

"아니요, 저희는 아직 충분히 싸울 수 있습니다."

"그건 더 말이 안 됩니다. 아니, 그래서는 안 됩니다. 일본이 패배하기 전에 왜 전력을 다 쏟아내지 않았습니까. 국가가 전력을 잃었는데 개인은 아직 남아 있다……. 그건 마치 파산해서 집에 압류 딱지가 붙었는데, 아들은 자신의 적금통장을 숨기고 있는 것과 마찬가지 아닐까요."

"……."

"나는 전쟁 내내 국가의 최고 명령에 따라 목숨 걸고 임했습니다. 대학의 일원들도 마지막까지 정정당당하게 싸웠습니다. 아무리 격렬한 공습에도 적십자정신에 따라 용감하게 나서 부상자를 구조했습니다. 원자폭탄이 터지기 직전에도 부상자를 구조하기 위해 언제 어디라도 뛰어들 준비를 했고, 더구나 의사 본래의 임무인 의학 연구와 수업에도 전념했습니다. 원자폭탄으로 대학의 모든 것이 무너졌을 때조차 마지막까지 학교를 사수했고, 할 수 있는 일을 마친 후에 비로소 구호 활동을 떠났습니다. 우리 젊은 학생들이 시종일관 용감한 태도로 성실하게 구호에 임했던 사실은 설사 일본이 패하고 일본의 전쟁 목적이 정의롭지 못했음이 증명된다고 해도, 그와 상관없이 아름다운 행동으로 인정받아야 한다고 생각합니다."

"네, 교수님. 맞습니다. 아무것도 모르는 학도들이 최후까지 정정당당하게 자기의 본분을 다하고, 인류애에 기반한 구조 활동에 목숨을 바쳤다는 사실은 국가의 운명과 관계없이 아름다운 일입니다."

"그리고 대학은 모든 것을 잃었습니다. 아시겠지만 학교는 말 그대로 폐허입니다. 대학의 일원들도 대부분 사망했고 몇 안 남은 우리조차도 온전하지 않습니다.

집도, 재산도 아내도……. 난 모든 것을 잃었습니다. 모든 힘을 잃은 사람입니다. 내가 가진 모든 힘을 쏟아부었고, 더구나 졌습니다. 그런데 어떻게 원통하다고 할 수 있겠습니다. 무슨 유감이 있겠습니까. 지금 내 심정은 오히려 비 갠 후의 달처럼 맑습니다. 졌지만 후회 없는 전쟁이었습니다."

"그렇게 말씀하시니 저희가 부끄럽습니다."

"만약 내게 집과 재산과 아내[**]가 그대로 남아 있는 상태에서 패전했다면, 나는 지금 얼마나 괴로울까요. 그거야말로 국가에 대한, 전쟁으로 상처 입은 동포에 대한 커다란 부담이 아닐런지요. 국가가 망하는 순간 내 집도 사라지고, 국가가 파산하는 순간 나도 무일푼이 되었다고 생각하면, 슬픔 속에서도 개운한 기분이 솟아납니다."

"하지만 세간에는 전쟁 덕에 벼락부자가 되고는

[**] 나가이 다카시 박사의 부인 미도리 여사는 1945년 8월 9일 묵주와 십자가만을 남긴 채 폭격으로 사망했다. 이날 미도리 여사는 나가사키의 원폭 폭심지인 우라카미에 위치한 집 부엌에서 기도를 하고 있었다. 나가이 다카시의 열 살 난 아들 마코토와 네 살짜리 딸 가야노는 이날 시골 외할머니 집으로 피신해 있어서 화를 면했다.

좋아 날뛰는 계층들이 많습니다."

"네, 알고 있습니다. 그런 자들이야말로 응징해야
할 사람들이죠. 전쟁은 남는 장사다, 십 년에 한 번 꼴
로 전쟁이 일어나면 억만장자가 될 거라고 말하는 자들
이 그런 자들입니다. 그런 자들은 앞으로 또 호전적인
선전을 해댈 겁니다. 그런 자들이 순수한 청년들을 꼬
드겨 복수심 따위를 심는 겁니다."

"정말로 국가를 제 밥그릇으로 생각하는 자들
이죠."

"전쟁이 국가에 이익이 되는 사업일까요?"

"승리한다면 이익이 된다고 생각합니다."

"자국의 이익을 목적으로 시작하는 전쟁이 정의로
운 전쟁일까요?"

"......"

"신 앞에 떳떳하지 않은 전쟁에 승리가 있을 리 없
겠죠."

"하지만 저희는 전쟁 내내 신께 기도했습니다. 특
히 전쟁의 신께."

"백일해의 신이 있다고 믿는 것처럼 전쟁의 신도

인간이 만들어낸 신이죠."

"아닙니다, 일본에 예전부터 존재하는 신입니다."

"그대들보다 신학도 철학도 몰랐던 선조들이 만들어낸 것입니다. 자기 편리할 대로 신을 만들어내고, 그 신에게 이기적인 기도를 올리는 것이니 종이 부적과 다를 바 없습니다. 그렇게 해서 신국불멸이니 가미카제 같을 걸 믿게 된 거죠. 허상을 상대로 혼자 배례를 올린 겁니다."

"우리의 치성이 부족했던 겁니다."

"아니죠, 아무리 치성을 다했다고 해도 상대가 허상이니 헛수고일 뿐입니다. 인간이 만든 신이 아니라 진짜 신에게 은혜를 받은 세력을 이길 수는 없습니다."

"일본인에게 야마토 정신이 있듯이 일본에게는 일본의 신이 있어도 되는 것 아닙니까."

"무력으로 강압하지 않더라도 만민이 믿고 따른다면 그렇겠죠. 그 사상은 이미 이천 년 전에 로마에서 비판을 받았던 원시 민족국가의 신앙입니다."

"하지만, 교수님. 전쟁은 문명의 어머니라는 말처럼 과학적 진보를 이루는 건 맞지 않습니까. 예컨대 이 원자폭탄처럼."

"그만큼의 인명과 그만큼의 물자와 그만큼의 시간을 평화적 발명에 쏟았다면 원자폭탄과는 비교도 안 될 만큼 훨씬 큰 성과가 있었을 겁니다. 여하튼 전쟁은 이익을 가져오는 사업이 아닙니다. 귀환할 때 장교들은 뭐라고 하던가요?"

"어쩔 수 없으니까 일단은 미군의 지시에 따르라고 했습니다. 독일이 일어섰듯이 우리도 언젠가는 칼을 들고 일어서야 한다고, 그 때를 대비하라고 했습니다."

"어설픈 지식은 오히려 참패의 근원입니다. 그런 어리석은 생각은 버리세요. 그런데 그 장교는 실전경험이 있는 사람입니까?"

"아니요, 내직근무만 했습니다."

"그렇겠죠, 그럴 겁니다. 실전을 모르는 장교가 자신의 명예만을 위해 부하를 질타하며 전쟁터로 몰아내는 일이 있어서는 안 되겠죠. 전쟁은 잔혹한 것입니다. 전쟁을 문학으로 읽으면 그야 아름답고 용맹해 보이죠. 나도 한 번 전쟁터에 서고 싶은 마음이 들기도 하죠. 하지만 실전은 다릅니다. 어쩌다 실상을 묘사한 문학이 있어도 검열에 걸려 발표되지 못했습니다. 전쟁을 미화해서는 안 됩니다. 이 원자폭탄의 어디에 아름다움이 있습니까. 그날 그때, 이 땅에 펼쳐진 지옥의 모습을 여러분이 잠깐이라도 봤다면 다시 전쟁을 하겠다는 어리석은 마음은 결코 안 들 겁니다. 앞으로 전쟁이 또 일어난다면 모든 곳에서 원자폭탄이 터지겠죠. 그 짧은 순간에 수많은 사람들은 영문도 모른 채 죽어갑니다. 미담도 영웅도 없고 시도 없으며 문학도 되지 않습니다. 그저 길을 닦는 롤러가 개미의 행렬을 밀어 버리듯 일대가 무로 돌아갈 뿐입니다. 전쟁은 결코 일어나서는 안 되는 일입니다."

"그러면 일본은 이렇게 당하고 끝나는 겁니까?"

"'복수는 내게 있나니, 내가 갚으리라'는 하느님 말씀이 있습니다. 전쟁의 승부와는 별개로 하느님의 눈으로 보아 정의롭지 못한 쪽이 벌을 받을 뿐입니다. 복수의 문제는 인간의 범주가 아닙니다."

"그러면 우리는 앞으로 어떤 길을 가야 합니까?"

"그 길을 찾기 위해 나는 이곳에 앉아 생각하고 있는 것입니다. 아직은 저도 알 수가 없습니다."

"저도 어딘가에서 조용히 생각해보고 싶습니다."

"산에 들어가 보는 건 어떻겠습니다. 속세에 있으면 뱅뱅 돌기만 할 뿐 자신의 길은 찾지 못하고 겉만 요란한 인간이 되기 쉽습니다. 푸른 산은 늘 그 자리에 있지만, 흰 구름이 저 홀로 오간다고 하죠. 난 늘 저 미쓰야마 산을 바라보며 묵상을 합니다."

손님은 마음을 새롭게 하고 돌아갔다. 집 안은 잠시 고요해진다. 다섯 살짜리 가야노가 혼자 떠드는 소리가 들린다. 밖으로 나가 보니 불탄 흔적만 남은 텅 빈 곳에서 유리병과 접시와 거울 조각 등을 돌 위에 늘어놓고 머리만 남은 인형을 상대로 소꿉놀이를 하고 있다. 친구들은 모두 죽고 말았다.

"우리 집은 아주 아주 컸었거든. 2층도 있었어. 엄마도 있었고, 엄마가 가야노한테 만주도 만들어 주셨어. 그지? 잠도 포근한 이불 속에서 잤어. 전등도 있었고."

나는 아이를 가만히 바라본다. 가야노는 계속해서 생각나는 추억을 떠들어댄다. 눈을 감으니 행복했던 우리집 풍경이 선명하게 떠올랐다. 눈을 뜨자 판도라 상자를 열어버린 듯 황량한 원자 벌판이 눈에 들어온다.

벌판에 바람이 불어와 잔해더미를 흔든다.

　이치타로가 귀환군 복장을 한 채 지친 모습으로 나타났다. 돌아와 보니 고향은 폐허가 되어 있고, 집으로 달려가 보니 잿더미 속에 사랑하는 아내와 다섯 아이의 검게 탄 뼈가 흩어져 있었다.

　"난 이제 살고 싶은 마음이 없네."

　"전쟁에 지고 그 누가 희망이 있겠습니까."

　"그야 그렇지. 그런데 만나는 사람마다 이렇게 말하더군. 원자폭탄은 천벌이라고. 죽은 자는 나쁜 사람이라서 벌을 받은 거고 살아남은 자는 신의 특별한 은총을 받은 거라고. 그러면 내 아내와 아이들은 나쁜 사람인 건가!"

　"아니요, 저는 전혀 다르게 생각합니다. 원자폭탄이 우라카미에 떨어진 건 크나큰 신의 섭리입니다. 신의 은총입니다. 우라카미는 신에게 감사해야 합니다."

　"감사를 하라고?"

　"이치타로 씨, 이걸 한 번 읽어봐 주시겠습니까. 모레 우라카미 성당에서 열릴 합동 장례식에서 대표로 읽을 조문입니다."

이치타로 씨는 원고를 읽었다. 처음에는 소리 내어 씩씩하게 읽었지만, 어느새 말이 없어지고 생각에 빠진다. 원고에는 이렇게 쓰여 있었다.

원자폭탄 합동 장례 조사弔詞

1945년 8월 9일 오전 10시 30분경, 대본영에서 항복과 항전을 결정하기 위한 최고지도자회의가 열렸습니다. 세계에 새로운 평화를 가져올지, 아니면 인류를 다시 피로 물든 전란으로 몰아넣을지 세계가 운명의 기로에 서 있던 시각, 바로 오전 11시 2분에 한 발의 원자폭탄이 우라카미 상공에서 터졌고, 카톨릭 신자 8천 명의 영혼은 순식간에 하늘의 부르심을 받았습니다. 맹렬한 불길은 몇 시간 만에 동양의 성지를 잿빛 폐허로 만들어 버렸습니다. 그날 한밤중에 성당은 갑자기 불길에 휩싸였지만, 바로 그 시간에 대본영에서는 종전의 결단을 내렸습니다. 8월 15일 종전이 선언되었고, 세계 곳곳에서 평화의 날을 맞이했습니다. 그리고 그날은 성모의 승천축일이기도 했습니다. 우라카미 성당이 성모님에게 바쳐졌다는 생각이 듭니다.

이것이 과연 단순한 우연일까요? 아니면 하느님의 깊은 뜻일까요.

일본의 전투력에 종지부를 찍은 최후의 원자폭탄은 원래 다른 도시에 떨어질 예정이었습니다. 하지만 그날 예정된 도시의 상공에는 구름이 짙게 드리워졌고 조준폭격이 불가능했습니다. 갑자기 예정을 바꿔 예비 목표지였던 나가사키에 투하되었으며, 더구나 나가사키의 군수공장을 조준했지만 구름과 바람의 영향으로 빗겨 가면서 북쪽에 있던 성당 정면에 떨어지게 되었다는 이야기를 들었습니다. 만약 이것이 사실이라면 미군의 비행사가 우라카미를 노렸던 것이 아니라, 신의 섭리에 따라 폭탄이 이곳으로 오게 되었다고 생각할 수도 있을 것입니다.

전쟁과 우라카미의 궤멸 사이에 깊은 관계가 있는 것은 아닐까요. 세계대전이라는 인류의 죄악에 대한 벌로서, 일본 유일의 성지인 우라카미가 희생의 제단에 바쳐질 순결한 희생양으로 선택된 것은 아닐까요?

선악과를 훔친 아담의 죄와 동생을 죽인 카인의 피를 이어받은 인류가 모두 하느님의 자식이면서도 우상을 따르고 사랑을 배신하고 서로 증오하고 서로 죽이며 기뻐했습니다. 그

큰 죄악을 끝내고 평화를 맞이하기 위해서는 그저 후회하는 것만으로는 부족합니다. 죄에 합당한 희생양을 바쳐 신에게 용서를 빌어야 할 것입니다. 지금까지 몇 번이나 종전의 기회가 있었고, 전멸한 도시도 적지 않았습니다. 하지만 그것으로는 부족했기에 하느님은 지금까지 받아주지 않으셨을 것입니다. 하지만 우라카미가 잿더미가 된 순간 비로소 하느님은 이를 받아들이셔서 인류의 용서를 들으시고 곧 천황에게 하늘의 계시를 내리셔서 종전이라는 성스러운 결단을 내리도록 해주셨습니다.

신앙의 자유가 없는 일본에서 4백년 동안 박해를 받아가며 순교의 피로 신앙을 지켜왔고, 전쟁 중에도 밤낮으로 영원한 평화를 기도했던 우라카미 성당이야말로 유일하게 신의 제단에 올릴 수 있는 순결한 양이 아니었을까요. 이 어린 양의 희생으로, 다시 전쟁의 피해를 입었을 수천만 명의 사람들을 구한 것입니다.

마침내 전란의 어둠이 걷히고, 평화의 빛이 비치기 시작한 8월 9일. 성당 제단에 타오르는 불길이여! 아아, 거룩한 희생양이여! 우리는 더없는 슬픔 속에서도 '아아 아름답구나, 아아 순결하구나, 아아 거룩하구나' 하고 우러러보았습니다.

순결한 연기가 되어 하늘나라로 오른 주임사제를 비롯한 8천 명의 영혼! 그 누구도 악한 사람은 없었습니다.

패전을 모르고 세상을 떠난 이들은 행복합니다. 순결한 어린 양으로 하느님 품에 머물게 될 영혼들은 행복합니다. 그에 비해 살아남은 우리는 비참합니다. 일본은 패배했습니다. 우라카미는 완전한 폐허입니다. 보이는 건 잿더미와 기왓조각. 집도 옷도 먹을 것도 없고, 밭은 황폐하고 사람은 없습니다. 잿더미에 서서 멍하니 하늘을 바라보고 있는 두 사람 혹은 세 사람.

그날 그때 그 집에서, 왜 함께 죽지 않았을까요. 왜 우리만 이런 비참한 생활을 해야 할까요. 우리는 죄인이기 때문입니다. 이제야 자신의 죄의 깊이를 뼈저리게 깨닫습니다. 나는 벌을 다 받지 못했기 때문에 살아남은 것입니다. 너무 크고 깊은 죄를 지은 자들만이 신의 제단에 오를 자격이 없어서 남겨진 것입니다.

일본이 앞으로 걸어야 할 패전국의 길은 고난과 비참함으로 가득할 것이며, 포츠담선언으로 부과된 배상은 실로 큰 부담이 될 것입니다. 이 무게를 지고 갈 고난의 길이야말로 우리 죄인들에게 속죄할 기회가 주어진 희망의 길이 아닐까요.

슬퍼하는 자는 복이 있나니 그들은 위로를 받을 것이다. 우리는 이 배상의 길을 거짓 없이 정직하게 걸어가야 합니다. 조롱받고 멸시받고 채찍질 당하고 땀 흘리고 피에 젖고 허기와 목마름에 허덕이며 이 길을 갈 때, 골고다의 언덕에 십자가를 지고 오른 그리스도께서 우리에게 용기를 주실 것입니다.

주께서 주시고 주께서 거두시니. 주의 이름을 찬미합니다. 우라카미가 선택되어 제단에 바쳐졌음에 감사드립니다. 이 고귀한 희생으로 세계에 평화가 다시 찾아오고 일본에 신앙의 자유가 허락되었음에 감사드립니다.

바라옵건데 죽은 이들의 영혼을 불쌍하게 여기시어 평안히 쉬게 하소서. 아멘.

이치타로는 조사를 다 읽고는 눈을 감았다. 그리고 한참 후 나지막이 말했다.

"아내와 아이들은 역시 지옥에는 가지 않았어. 그렇다면 나는 왜 살아남았을까."

"나도 당신도 천국의 입학시험에 떨어졌습니다"

"천국의 낙제생? 그렇군."

두 사람은 소리 내어 크게 웃었다. 가슴에 맺힌 것이 내려가는 기분이다.

"웬만큼 공부해서는 천국의 아내를 못 만나겠군. 전쟁으로 죽은 사람들은 자신을 희생한 것이니까. 나도 지지 않으려면 꽤 고생길을 걸어야겠군."

"그럼요, 그렇고말고요. 세계 유일의 원자 벌판, 이 슬픔과 외로움, 황폐한 잿더미 잔해 속에 버티고 서서 유골과 함께 눈물을 흘리면서 다시 일어서야 하지 않겠습니까."

"나는 죄인이라 고통 속에 속죄하는 것이 무엇보다 큰 즐거움이야. 기도하면서 열심히 일하세."

이치타로 씨는 밝은 얼굴로 돌아갔다.

나가사키 원폭 투하로 폐허가 된 우라카미 성당에서
신도들이 위령미사를 지내고 있다.

2020년 6월에 촬영한 나가사키의 우라카미 성당
©박세연

12

나가사키의 종

원자폭탄이 떨어진 땅은 75년 동안 불모지가 된다는 소문이 돌았기 때문에 사람들은 나가사키로 복귀하기를 두려워했다. 우리는 방사능 측정기를 잃어버려서 어쩔 수 없이 동식물의 상태를 관찰하기로 했다.

3주 후 폭심지인 마쓰야마마치에서 개미 무리가 발견되었다. 개미는 건강했다. 한 달 후에는 대량의 지렁이가 발견되었다. 달려가는 시궁쥐도 볼 수 있었다. 감자순을 먹는 벌레도 크게 번식했다. 작은 동물이 이렇게 서식할 수 있는 걸 보면 사람도 생활할 수 있으리라는 판단이 들었다.

식물도 큰 문제 없이 자랐다. 폭풍에 휩쓸려 날아간 보리가 사방에 싹을 틔웠다(이듬해에는 일반 보리와 같은 시기에 꽃이 피고 열매를 맺었는데, 그 보리는 다른 보리와 큰 차이가 없었다). 옥수수도 싹을 틔웠다. 옥수수는 겨울에야 열렸는데 알갱이는 거의 없었다. 나팔꽃도 금방 넝쿨을 뻗었고, 작지만 아름다운 꽃을 피웠다. 잎에는 기형이 나타났다. 고구마순은 금세 넝쿨을 뻗어 꽃을 피웠지만, 고구마는 전혀 자라지 않았다. 그밖의 채소 종류는 모두 건강하게 자랐다. 나는 이곳에서도 생활할 수 있다고 확신했고, 권유했다. 단, 유아는 방사선에 민감해서 아직 데려오지 않는 편이 좋다는 의견을 덧붙였다.

사람들이 허허벌판이 된 폭심지에 거주지를 만드는 데에는 4단계의 시기가 있었다. 제1기는 방공호 생활인데, 폭격 직후부터 약 한 달 정도 이어졌다. 방공호나 참호에 지붕을 얹고 이웃들과 함께 공동생활을 했다. 이러한 공동생활은 관공서 업무와 물자배급 등에 편리했다. 대부분의 방공호에는 부상자들이 있었는데, 소수의 생존자들은 서로에게 깊은 연대감을 느끼며 부족한 물자도 양보하며 생활했다. 불편하기 그지없는 지하의 공동생활이었지만, 마음만큼은 편안했다. 당시는 식량 조달과 사체 수색에 모든 시간을 쏟았으며, 그저 생존을 위해 사는 시기였다.

제2기는 두 달째부터 넉 달째까지 이어진 움막 생활이다. 사람들은 마침내 삶의 목표를 되찾았고, 가족의 안부를 알게 되었으며, 시신 수습과 각종 신고, 예금 정리도 하면서 재건을 위한 걸음을 내디뎠다. 타다 남은 기둥과 함석으로 2평 남짓한 임시 숙소를 만들고, 그 안에 가족이나 가까운 친척이 모여서 상부상조하며 생활을 꾸려갔다. 이 무렵에는 살아남았다는 감동도 옅어진 뒤라 타인과의 공동생활에서는 이미 이해관계나 감정적인 충돌이 일어나고 있었다. 움막은 간신히 이슬을 피하는 정도였으며, 여러 사람이 생활하기에는 지나치게 좁은 공간이었다. 더구나 귀환자들을 통해 옴이 퍼졌다.

5개월째가 되는 12월에 들어서자 진눈깨비가 내리고 한풍이 불어와 움막에서는 살 수 없게 되었다. 그 무렵에는 근방에서 목수들도 들어오고 자재도 돌기 시작했다. 가족과 친척들은 협력해서 각자가 생활할 가건물을 지어갔다. 형이 살 집을 같이 짓고 나면, 다음에는 동생의 집을 같이 짓는 식이었다. 초벽질만 한 벽에 천장도 없고 널판으로 지붕을 이은 판잣집이었지만, 열 평 남짓한 공간에 다다미도 깔고 덧문도 달아 조금은 안정된 거주가 가능했다. 가건물이 완성되자 결혼하는 사람들도 늘어, 일주일에 열 쌍 이상이 새로운 가족을 꾸렸다. 여러 의미에서 이 가건물기는 부흥기라고도 할 수 있다.

제대로 된 건물은 아직 이후의 일이다. 사람들은 불편한 가건물 안에서도 충실한 삶을 살고 있다. 그 충실한 생활이야말로 진정한 문화생활이라고 여겨진다. 은사 스에쓰구 교수님은 나의 작은 집을 축하하며 '무일물처무진장無一物處無盡藏*'이라는 휘호를 주셨다.

기차를 타고 지나가는 사람이 우라카미를 본다면 여전히 잿더미와 잔해로 뒤덮인 모습에 부흥은 먼일이

---

* 송나라 시인 소동파 시의 한 구절로 '하나의 물건도 없는 세계에 다함이 없이 넓은 법이 담겨 있다'는 내용이다.

라고 생각할지도 모른다. 하지만 사람들은 차근차근 정리하며 다시 일어나고 있다. 눈에 보이지 않지만 조금씩 조금씩 원자 벌판은 다시 살아나고 있다. 확고한 믿음으로 살아가는, 고뇌와 눈물의 행복을 아는 소수의 사람들이 이곳에서 지금 세기의 속죄라는 고행을 하고 있다. 신앙이 없는 사람은 돌아오지 않는다. 이 폐허를 다시 일으킬 원동력도 신앙뿐이다.

전등이 없어서 밤이면 아이를 안고 일찍 잠자리에 든다.

"원자는 크기가 얼마만 해?" 초등학교 4학년인 마코토가 묻는다.

"아주아주 작아. 공 모양이라고 치면 직경이 약 1억분의 1센티미터야."

"와아, 눈에는 보이지도 않겠네. 현미경으로도 안 보이겠는걸. 그건 입자야?"

"아니, 입자는 아니야. 지구나 토성 등이 태양 주변을 빙글빙글 돌고 있다는 건 학교에서 배웠지? 그 태양계 전체의 직경으로 태양계의 크기를 계산하듯이, 원자도 딱딱한 입자가 아니고 중심에 원자핵이 있는데 그 주위를 음전자가 빙글빙글 돌고 있어. 그 음전자가 돌고 있는 원의 직경이 1억분의 1센티미터인 거야."

"원자핵은 어떤 거야?"

"포도 안에 씨가 모여 있지? 그런 거야. 원자핵에는 중성자라는 입자와 양성자라는 입자가 있어. 양성자는 양전기를 갖고 있지만 중성자는 전기가 없어."

"원자가 파열하면 어떻게 돼?"

"이 중성자와 양성자 일부가 없어지고 그 대신 아주 강력한 힘이 생겨. 그리고 그 힘이 무시무시한 기세로 터져 나와서 공장도 집도 전부 무너뜨린 거야. 그때 중성자도 같이 튀어 나오는데 그게 사람 몸에 들어가면 여러 가지 원자병이 생기는 거야."

"그러면 다다미 가게 아저씨가 대머리가 된 것도 중성자 때문이구나."

"원자 하나에는 큰 힘이 없어. 하지만 1그램 안에는 무수히 많은 원자가 있어서 한 번에 폭발하면 엄청난 힘이 생기는 거지."

"원자는 폭탄 말고 다른 데엔 못 써?"

"아니, 얼마든지 쓸 수 있지. 이렇게 한 번에 터뜨리지 않고 조금씩 조금씩 조절하면서 터뜨리면 배도 기차도 비행기도 달리게 할 수 있단다. 석탄도 석유도 전기도 필요 없어지고 커다란 기계도 없어도 돼. 좋은 곳에 쓴다면 인간을 행복하게 만들어 줄 수 있어."

"그러면 앞으로는 뭐든지 원자가 하겠네."

"그렇지. 원자력시대가 되는 거야. 인류는 아주 옛날부터 석기시대, 청동기시대, 철기시대, 석탄시대, 석유시대, 전기시대, 전파시대로 발전해 왔어. 앞으로는 원자력시대가 되는 거야. 마코토도 가야노도 원자력시대의 인류야."

"원자력시대, 원자력시대……." 하고 중얼거리던 아이도 잠이 들었다. 귀뚜라미가 머리맡에서 울고 있다. 원자력시대를 맞이한 인류는 행복해질까? 아니면 비참해질까? 신이 우주에 감춰둔 원자력을 인류는 결국 찾아내서 손에 넣었다. 이 양날의 검을 휘둘렀을 때 과연 어떤 일이 벌어질까. 옳게 사용하면 인류 문명을 비약적으로 발전시킬 것이고, 악용하면 지구를 파멸시킬 것이다. 둘 다 더없이 간단한 일이다. 그리고 어느 쪽을 선택할지도 인류의 자유의사에 달렸다. 인류는 이제 원자력을 획득함으로써 인류 존망의 열쇠를 쥐게 된 것이다. 생각이 여기에 이르자 진심으로 두려워진다. 올바른 종교 외에는 이 열쇠를 보관할 곳이 없다는 생각이 든다.

찌르찌르 하는 귀뚜라미 울음소리가 들린다. 품에 안겨 잠든 가야노가 자꾸 젖을 찾는다. 가슴을 더듬거리다가 아빠라는 걸 알았는지 소리 죽여 흐느끼기 시작했다. 울다가 다시 잠이 든다. 나뿐만이 아니다. 오늘 밤이 나가사키에서 얼마나 많은 고아가 울고, 미망인이 울고 있겠는가.

밤은 길고 잠은 짧다. 얕은 선잠 속에서도 어느새 덧문 틈으로 하얀 새벽이 비친다.

"데엥, 데엥, 데엥"

종이 울린다. 폐허가 된 성당에서 새벽을 알리는 종소리가 원자 벌판에 울려 퍼진다. 이치타로 씨가 청년들과 함께 벽돌 밑에서 찾아낸 종은 50미터 높이의 종탑에서 떨어졌는데도 상처 하나 없었다. 크리스마스 저녁에 겨우 종을 매달았고, 청년들이 아침, 점심, 저녁

에 종을 울렸다. 예전의 그리운 소리가 다시 울리기 시
작했다.

"주의 사자가 고하노니……."

마코토도 가야노도 벌떡 일어나 담요 위에 앉아 기
도를 올린다.

"데엥, 데엥, 데엥."

청명한 종소리가 평화를 축복하며 울려 퍼진다. 오
랫동안 금지되었던 종소리가, 두 번 다시는 멈추지 않
겠다는 듯, 세계가 끝나는 날까지 평화의 울림을 전하
겠다는 듯 "데엥, 데엥, 데엥" 하고 다시 울린다.

인류여, 부디 전쟁을 계획하지 말기를. 원자폭탄이
있는 한 전쟁은 인류의 자살행위일 뿐이니. 원자 벌판
에서 울고 있는 우라카미 주민들은 세계를 향해 외친
다. 전쟁을 멈춰다오, 오직 사랑과 이해로 화해해다오.
우라카미 주민들은 잿더미에 엎드려 신에게 기도한다.

"바라옵건대, 이 우라카미가 세계 최후의 원자 벌
판이 되게 해주소서."

종은 아직도 울리고 있다.

"죄 없는 성모 마리아여! 당신을 믿고 따르는 우리를 위해 기도해주소서."

마코토와 가야노도 기도를 마치고 성호를 그었다.

'나가사키의 종'.
이 종 앞에는 희생자의 넋을 위로하고 평화를 기원하는
세계인의 행렬이 끊이지 않는다.

유언,
내 소중한 아이들에게

사랑하는 마코토야, 그리고 가야노야.

너희는 그날 자두를 접시에 담아 놓고 엄마를 기다렸었지.

하지만 엄마는 묵주 하나만 세상에 남기고 하늘나라로 떠나버리셨구나.

너희의 울타리였던 소중한 엄마를 빼앗아간 것은 무엇이었을까?

원자폭탄일까? 아니란다.

원자폭탄은 그냥 의지도 생각도 없는 물체란다. 그

런 물체가 어떻게 엄마를 빼앗아가려고 우라카미까지 올 수 있었겠니.

세상에서 가장 다정했던 엄마를 빼앗아간 것은 바로 전쟁이란다.

전쟁이 길어지면 처음에 전쟁을 시작한 명분 같은 건 의미 없이 사라진단다. 전쟁이 끝나고 나면 이긴 쪽도 진 쪽도 무엇을 위해 수많은 목숨을 잃어야 했는지조차 알 수 없게 되지.

살아남은 사람들은 전쟁의 참혹한 상흔을 바라보며 외칠 거야. "전쟁은 이제 지긋지긋해. 앞으로 두 번 다시는 전생을 하지 말자!" 하지만 몇 년만 지나면 어느새 참혹했던 기억은 사라지고 다시 전쟁을 하고 싶은 마음이 싹트게 된단다.

인간은 이다지도 어리석은 존재란다.

아이들아.

일본은 앞으로 절대 전쟁을 하지 않겠다고 헌법에 명시했단다.

헌법은 정해지면 반드시 지켜야 하는 중요한 약속이야.

이 약속이 때로는 일본을 힘들게 할 수도 있겠지.

하지만 모두의 평화를 위해 만든 약속이니까 아무리 힘들어도 이 약속은 반드시 지켜야 한단다.

이 약속을 어기려는 자들이 생기면 그들도 우리가 막아내야 한단다.

그것이야말로 전쟁이 끔찍하고 비참한 재난이라는 것을 깨달은 일본인의 진짜 마음이니까.

하지만 국제정세에 따라 여론은 언제든지 변할 수 있단다.

언젠가는 헌법의 전쟁 포기 조항을 없애야 한다는 주장이 나오겠지. 나아가 그 주장에 그럴듯한 구실을 붙여서 일본이 다시 무장해야 한다는 여론을 만들어낼지도 모른단다.

마코토야, 그리고 가야노야.

만약 일본이 재무장하는 사태가 발생한다면 그때

는 너희가 꼭 '전쟁 결사반대'를 외쳐주기 바란다.

어떤 비난과 폭력을 당하더라도 '전쟁 결사반대'를 외치는 최후의 두 사람이 되어주기 바란다.

설령 비겁자라고 멸시당하고 배신자라고 얻어맞더라도 끝까지 '전쟁 결사반대'를 외쳐주기 바란다.

무장하지 않으면 적이 공격했을 때 우리만 죽게 된다고 주장하는 사람도 많을 것이다.

하지만 무기를 가진 자는 정말로 살아남을까?

무기도 없고 저항도 하지 않는 자는 정말로 죽게 되는 걸까?

인간이 늑대를 멸종시킨 이유는 바로 늑대의 날카로운 이빨 때문이었단다.

그러나 비둘기를 보렴. 아무런 무기도 없는 비둘기는 지금도 인간에게 사랑받으며 자유롭게 하늘을 날고 있지?

사랑으로 무장하고, 사랑으로 국가를 다지고, 사랑

으로 인류가 손을 잡을 때 비로소 평화롭고 아름다운 세계가 만들어진단다.

　사랑하는 아이들아.

　적도 사랑해야 한다. 사랑하고 사랑하고 또 사랑해야 한다.

　우리를 미워할 틈도 없을 만큼 사랑해야 한다.

　사랑하면 사랑받는단다. 사랑받으면 멸망하지 않는단다,

　사랑의 세계에는 적이 없단다. 적이 없으면 전쟁도 일어나지 않는 법이니까.

나가사키의 종

초판 1쇄 발행   2021년 8월 13일

지은이   나가이 다카시
옮긴이   박정임
펴낸이   최용범

편집·기획   예진수, 박호진
디자인   김태호
마케팅   김학래, 윤소진
관리   강은선
인쇄   (주)다온피앤피

펴낸곳   **페이퍼로드** paperroad
출판등록   제10-2427호(2002년 8월 7일)
주소   서울시 동작구 보라매로5가길 7 1,322호
이메일   book@paperroad.net
페이스북   www.facebook.com/paperroadbook
전화   (02)326-0328
팩스   (02)335-0334
ISBN   979-11-90475-82-2 (03300)